Hinter manchen Wörtern findest du einen Pfeil.
Er rät dir, noch an einer anderen Stelle nachzuschlagen.

sie **frisst** (↗ fressen)

Die dünnen Striche bei den Stichwörtern zeigen dir, wo du ein Wort trennen kannst:

das **Ge|wit|ter** das Ge-wit-ter

Manchmal bekommst du einen Hinweis auf ein Wort, das so ähnlich klingt:

die **Lerche** (Vogel),
aber: die ↗ Lärche

W0307105

Oft findest du hinter einem Wort eine Zahl.
Diese sagt dir, dass du in dem Kapitel „Schreiben mit Profis" (Wortfelder) unter dieser Zahl noch weitere Informationen zu diesem Wort erhältst.

sich **freuen** ↗4

Wenn ein Wort ein Sternchen hat, dann findest du im Kapitel „Europa" seine französische Übersetzung.

der **Donnerstag***

An manchen Stellen im Wörterbuch findest du folgende Zeichen:

Dieses Zeichen heißt: Das ist eine Aufgabe für zwei Kinder. Wenn ihr möglichst oft mit Partnern arbeitet, braucht euch eure Lehrerin oder euer Lehrer kaum zu helfen.

Hier soll ein anderes Kind kontrollieren.

Schreibe etwas auf.

Wörterbuch LolliPop

für Kinder der Grundschule

von Gerhard Sennlaub

Cornelsen

Beratung für die Begegnungssprachen:
Allgemeine Beratung und Koordinierung/Griechisch/Türkisch: Jürgen Rohde
Einzelberatung: Ibrahim Hancioglu (Türkisch), Dr. Ruth Horie (Englisch), Barbara di Pace (Italienisch), Hans Schermer (Niederländisch), Barbara Thanos (Griechisch), Annemarie Wendel (Dänisch), Heike Wendel (Spanisch), Alojcija Wilmes (Serbokroatisch), Anna Zalewski (Polnisch), Dana Poppenberg (Tschechisch); inhaltliche Bearbeitung der Seiten 234–259:
Monika Klotz-Ouachée, Anne Lapanouse

Quellen für die Vornamen:
Gesellschaft für deutsche Sprache e. V., Wiesbaden (Wilfried Seibicke): Listen der beliebtesten Vornamen 1993–2003; Standesämter Berlin-Mitte, Bielefeld, Bremen-Mitte, Dresden und Wiesbaden: Listen der häufigsten Vornamen 1997; Standesamt Freiburg im Breisgau: Liste aller Vornamen 1997, Vornamen-Statistik 2001–03; Drosdowski, Günther: Duden-Lexikon der Vornamen. Mannheim, Wien, Zürich: Bibliographisches Institut 1974; Weitershaus, Friedrich-Wilhelm: Vornamenbuch. München: Mosaik-Verlag 1995; Kohlheim, Rosa: Duden. Das große Vornamenlexikon. Mannheim, Leipzig, Wien, Zürich: Dudenverlag 1998

Verwendete Literatur:
Autorenkollektiv des Zentralinstituts für Sprachwissenschaft. Etymologisches Wörterbuch des Deutschen. Berlin: Akademie-Verlag 1989; Dornseiff, Franz: Der deutsche Wortschatz nach Sachgruppen. Berlin: Walter de Gruyter & Co. [7]1970; Kluge, Friedrich: Etymologisches Wörterbuch der deutschen Sprache. Berlin, New York: Walter de Gruyter [21]1975; König, Walter: dtv-Atlas zur deutschen Sprache. Tafeln und Texte mit Mundart-Karten. München: Deutscher Taschenbuch-Verlag [5]1983; Kunze, Konrad: dtv-Atlas Namenkunde. München: Deutscher Taschenbuch-Verlag 1998; Küpper, Heinz: Illustriertes Lexikon der deutschen Umgangssprache, Band 6. Stuttgart 1984; Kytzler, Bernhard/Redemund, Lutz: Unser tägliches Latein. Lexikon des lateinischen Spracherbes. Mainz: Philipp von Zabern 1992; Pregel, Dietrich/Rickheit, Gert: Der Wortschatz im Grundschulalter. Hildesheim, Zürich, New York: Georg Olms 1987; Röhrich, Lutz: Lexikon der sprichwörtlichen Redensarten. Freiburg, Basel, Wien: Herder [2]1973; Wissenschaftlicher Rat der Duden-Redaktion (Hrsg.): Duden-Etymologie. Der große Duden. Band 7. Mannheim, Wien, Zürich: Bibliographisches Institut 1963

Inhaltsverzeichnis

FG HI
JKLM
NP QR
ST UV
WX YZ
AB CDE

Aufgaben

Wie man Wörter nachschlägt

Hier kannst du selbstständig lernen,
wie man Wörter im Wörterbuch findet.
Nimm dir jeden Tag höchstens zwei Aufgaben vor.
Schlaue Kinder erfinden zusätzliche Aufgaben,
suchen sich einen Partner und stellen einander
eigene Aufgaben.

Die ersten 45 Aufgaben sind für die Klasse 2.

1. Lies das ABC-Gedicht oft laut. Lerne es auswendig. Sprich es vor dem Schlafengehen und nach dem Aufstehen morgens.

2. Wenn du das ABC-Gedicht auswendig kannst, sprich es immer wieder anderen vor.

3. Sprich nur die ABC-Buchstaben wie ein Gedicht.
   So: **A B C D E F G,**
   H I J K L M N O P,
   Q R S T U V W,
   X – Y – Z !
   Wiederhole immer wieder diese Aufgabe.

4. Stellt einander Aufgaben. Zum Beispiel so:
Frage: In welcher Zeile steht M?
Antwort: In der zweiten.
Spielt immer wieder dieses Fragespiel.

5. Spielt das „Zeilen-Spiel".
Ein Kind fragt z. B.: „M?"
Das andere antwortet mit der ganzen Zeile:
„H I J K L M N O P!"

6. Spielt das „Danach-Spiel". Ein Kind sagt einen Buchstaben. Das andere wiederholt ihn und nennt die beiden Buchstaben danach.
Beispiel: 1. Kind: „N!"
2. Kind: „N O P!"

7. Wiederhole immer wieder mal irgendwann am Tag Aufgabe 3. Sprich immer schneller.

8. Spielt die Spiele Nr. 4, 5 und 6 immer wieder – welche euch gerade Spaß machen.

9. Jetzt das „Vorher-Spiel"! Immer den vorhergehenden Buchstaben nennen.
Beispiel: 1. Kind: „P!"
2. Kind: „O!"

10. Denke dir eine Melodie für das ABC-Gedicht aus. Singe es an deinem Tisch vor.

11. Sprich das ABC so schnell, wie du kannst.
Kontrolliere mit dem Sekundenzeiger einer Uhr.
Beurteile dein Ergebnis selbst:
– mehr als 15 Sekunden: Du kannst noch nicht zufrieden sein. Übe weiter.
– 12 bis 15 Sekunden: Herzlichen Glückwunsch! Du bist schon gut.
– 8 bis 12 Sekunden: Du bist sehr gut.
– unter 8 Sekunden: Du bist reif für die Weltmeisterschaft!

12. Spielt jeden Tag fünf Minuten lang ABC-Spiele nach eurer Wahl. Beginnt immer mit dem „Zeilen-Spiel" von Nr. 5.

13. Ordne diese Namen nach den Anfangsbuchstaben:
Daniel, Alessa, Claudia, Beate, Frank, Elli, Georg.
Schreibe in dein Heft so: Alessa, Beate … (↗ S. 263)

14. Schreibe geordnet nach den Anfangsbuchstaben:
Robby, Vicci, Siggi, Tommi, Ulli, Willi (↗ S. 263)

15. Schreibe geordnet nach den Anfangsbuchstaben:
Jan, Lisbeth, Nadine, Inge, Katrin, Mehmet, Otto (↗ S. 263)

16. Das „Früher-später-Spiel": Ein Kind nennt zwei beliebige Buchstaben. Das andere Kind muss sagen, ob der zweite Buchstabe vor oder nach dem ersten steht.

Beispiel 1: Erstes Kind: „K - S!"
Zweites Kind: „Danach!"
Beispiel 2: Erstes Kind: „K - H!"
Zweites Kind: „Davor!"
(Das Spiel ist besonders wirksam. Je öfter ihr es spielt, desto schneller lernt ihr, Wörter schnell zu finden. Man kann es auch auf einer Geburtstagsfeier spielen.)

17. Schreibe diese Namen, geordnet nach den Anfangsbuchstaben: **Pauline, Hugo, Ottokar, Isidor, Ladislaus, Kunibert.** (↗ S. 263)

18. Ordne die Namen dieser Autofirmen nach den Anfangsbuchstaben und schreibe sie: **Jaguar, Ferrari, Volvo, Audi, Toyota, Opel, Mercedes, Nissan** (↗ S. 263)

19. Ordne diese Familiennamen nach dem ABC: **Meier, Wagner, Bauer, Seiler, Posser, Zander** (↗ S. 263)

20. **Halbzeit, Anstoß, Foul, Verlängerung, Ball, Ecke, Querlatte, Linie, Mittelfeld, Torwart, Pfosten, Stürmer**
Mache dir eine ABC-Liste. Ordne die Wörter ein.
So:

und so weiter

21. Benutze von nun an das erste Wörterverzeichnis. Es sind die Seiten mit dem orangefarbenen Rand oben. Die ersten Aufgaben könnt ihr lösen, wenn ihr die fett gedruckten Buchstaben am Kopf beachtet.
Zwei Kinder stellen einander abwechselnd immer drei Fragen. Ein Kind fragt, das andere antwortet.

1. Kind fragt: Auf welcher Seite stehen die Wörter, die mit Au anfangen, mit Gu anfangen, mit Ha anfangen?
2. Kind sagt: 22, 28, 29 ... Ka, Mu, Sa ...?

1. Kind: Ma, Se, Bi — **2. Kind:** Fu, Au, O
1. Kind: We, D, Mi — **2. Kind:** Fa, SCHn, Su

22. Wie Aufgabe 21:
1. Kind: Fr, Ap, Wa — **2. Kind:** Bl, So, Te
1. Kind: E, N, Tu — **2. Kind:** Hu, Ba, St
1. Kind: Ge, Bo, Q — **2. Kind:** Wa, Be, J

23. Wie Aufgabe 21:
1. Kind: Schw, C, U — **2. Kind:** Bu, Le, Si
1. Kind: An, Scha, Wi — **2. Kind:** Fe, Ku, V
1. Kind: Hi, Ab, Tu — **2. Kind:** Fi, Ta, Lu

24. Wie Aufgabe 21:
1. Kind: Ga, Sp, Wu — **2. Kind:** I, Schm, Z
1. Kind: Fi, R, Gi — **2. Kind:** He, V, Ko
1. Kind: Ke, P, Bl — **2. Kind:** Schn, Ma, Li

25. **Auto, Bett, Fuß, Gemüse, Haus, Katze, Zimmer, Lehrer, Mund, Name, Wind, Papier**
Diese Wörter sind nach dem ABC geordnet. Aber zwei sind falsch eingeordnet. Ordne sie richtig ein und schreibe sie alle.
So: Auto, Bett, … (↗ S. 263)

26. Mache dir eine ABC-Liste wie in Nr. 20 und ordne die folgenden Wörter ein: **Puppe, Radio, Bett, Hand, Gedicht, Zahn, Ferien, Mädchen, Dorf, Jahr**

27. Tiernamen aus dem Zoo
Suche im Wörterbuch die Namen von Tieren, die so anfangen: **Ka, Fi, I, El, Ha, P, V, Ma, Schm, E, E, E, Hu, Kä.**
Schreibe mit Seitenzahl. So: Katze S. 31, …

28. Bunte Wiewort-Mischung
Schreibe in dein Heft mit Bleistift diese Wörter, geordnet nach dem ABC: **heiß, dick, lustig, kaputt, fremd, böse.** Schreibe dann noch einmal mit Tinte.
Kontrolliere noch einmal. (↗ S. 263)

29. **BUS, EURO, OSTERN, PIZZA, WEG, PAKET, LEHRERIN**
Schreibe in dein Heft diese Wörter in Großbuchstaben – nach dem ABC geordnet. Schreibe erst mit Bleistift, dann mit Tinte. Schreibe dann die letzten Buchstaben jedes Wortes hintereinander. Wenn du richtig geordnet hast, ergibt sich das Lösungswort. (↗ S. 263)

30. Wie heißt das letzte Wort im Wörterbuch, das so anfängt: **Tex, He, Le, Ted, Bab, Y?**
Schreibe so: Text, ...

31. **ABEND, ELEFANT, CHRIST, SOLDAT, FREUND, NACHT, HAND, LICHT**
Schreibe in dein Heft diese Wörter – nach dem ABC geordnet. Schreibe die Mehrzahlformen.
So: die Abende, ... (↗S. 263)

32. Dies alles gibt es an deinem Körper: **Au-, Be-, Ha-, Mu-, Ko-, N-, Hä-, Ba-, Fü-, O-**
Schreibe mit Seitenzahl. So: Augen 22 ...

33. Auch Wörter, die mit dem gleichen Buchstaben anfangen, kannst du nach dem ABC ordnen. Dann kommt es nicht auf den ersten, sondern auf den zweiten Buchstaben an.
Obst, Ofen, Ohr, Oktober, Onkel, Ordnung, Ostern
Lege eine Tabelle an und schreibe die Wörter hinein:

O a
O b st
O c
O d
O e
O f en
O g
O h r
O i und so weiter

34. **Ente, eben, Erde, eher, Esel, Efeu, eigen, elf, Ekel**
Lege eine Tabelle an und ordne die Wörter ein.

35. **Kind, kriechen, klein, Kuchen, Knie, kochen**
Wer kann das ohne Tabelle ordnen, „im Kopf"?
Versucht es. (Erst versuchen, dann schreiben!)
(↗S. 263)

36. **1. Kind:** Auf welcher Seite stehen die Wörter, die mit Mo anfangen? mit Gl anfangen? mit Ti anfangen?
2. Kind: ... Wo, Tr, Schr?

37. Wie Aufgabe 21:
1. Kind: Schi, Kr, To? **2. Kind:** Scho, Gr, Schl?
1. Kind: Schu, Ho, Br? **2. Kind:** Kl, Tr, Schr?

38. Suche Wörter, die sagen, wie Kinder sein können.
Sie fangen so an: **sto-, kl-, lei-, schl-, lu-, mü-, na-, gr-, sa-, tra-, sti-, ge-, schm-, la-.**
Schreibe die Wörter in dein Heft. Überschrift:
Wie Kinder sein können.

39. Wahr und gelogen
Im ersten Teil des Wörterbuchs fehlen die folgenden Wörter: **Xylophon, Thermometer, Ypsilon, Spagetti, Stängel, Murks, Orkan, Geschrei, Ziegenpeter, Segel, Raupe, Quadrat, Lexikon, Hexe, Pommes**
Hier ist viel gelogen. Schreibe in dein Heft nur die Wörter, die im Verzeichnis für Klasse 2 stehen. (↗S. 263)

40. Achtung: **ä** ist wie **a** eingeordnet, **ö** wie **o**, **ü** wie **u** und **äu** wie **au**. Anders gesagt: Sie sind so eingeordnet, als hätten sie nicht ihre Umlaut-Pünktchen. Von den folgenden Wörtern fehlen im ersten Verzeichnis drei. Ist das wahr oder gelogen?
Bäcker, Rücken, können, böse, wünschen, Käfer, zählen, Bäuerin, Küste, Läufer, Tür, Räuber
Wenn es gelogen ist, braucht ihr nichts zu schreiben.
(↗S. 263)

41. Bei diesen Wörtern fehlen die schwierigsten Buchstaben. Schreibe die Wörter richtig in dein Heft.
Brö_chen, Fami___, wirkli__, Flugz___, Frühl___, Ted__, Gebur__tag, ___psilon, W___nachten, Spage__, kapu__, tausen__, traur__, lusti__, zwanz__, Mä_chen, Ordnu__, No_ember, recht_, Schmetter___, Schmu__, __ermometer
Kontrolliere noch einmal.

42. Welche dieser Wörter schreibt man groß?
ANGST, WIND, FREITAG, ANTWORT, STUNDE, SCHLUSS, TAUSEND, JUNI, ZEIT, SEKUNDE, TRAUM, ZAHL, WOCHE, JEDER, HUNDERT, VERKEHR, RECHTS, GESTERN, ORDNUNG, WÄRME
Schreibe nur die großzuschreibenden Wörter, also die Nomen. Kontrolliere mit dem Wörterbuch.
(↗S. 263)

43. **tragen, fahren, waschen, halten, schlafen, laufen**

Schreibe nach dem ABC geordnet jedes Wort mit „er“ oder „sie“. So: er fährt, sie ...

Kontrolliere mit dem Wörterbuch.

44. **Hand, Gras, Haus, Blatt, Baum, Saft, Zahn, Platz, Strauch, Mann**

Wie heißen mehrere? Schreibe geordnet nach dem ABC. So: der Baum – die Bäume, ...

Kontrolliere mit dem Wörterbuch.

45. Schreibe Namen von Sachen, die man essen kann. Sie fangen so an: **Pi-, Kr-, Ob-, Po-, Scho-, Gem-, Spa-, Zu-, Ap-, Brö-, Bi-, Zw-.**

Herzlichen Glückwunsch!

Im **zweiten Wörterverzeichnis** gibt es Hauptstichwörter und Nebenstichwörter.
Die Hauptstichwörter sind **fettgedruckt**. Beim schnellen Suchen guckt man natürlich auf die Hauptstichwörter. Wenn du aber beim Suchen merkst, dass du ganz nahe bei dem gesuchten Wort bist, musst du auch auf die Nebenstichwörter achten.

46. Sieben der folgenden Wiewörter (Adjektive) sind Nebenstichwörter. Welche?
achtjährig, knusprig, zierlich, abenteuerlich, freundlich, hochmütig, teuflisch, schriftlich, übermütig, jämmerlich
Schreibe nur die Nebenstichwörter in dein Heft. Schreibe immer mit „hundert".
So: hundert achtjährige Kinder, hundert knusprige Brötchen ...

Du weißt ja: Wenn die ersten Buchstaben gleich sind, ordnet man nach dem zweiten. Wenn aber die ebenfalls gleich sind?
Dann ordnen wir eben nach dem dritten. Und wenn auch die gleich sind: Nach dem vierten! Und so weiter. Beispiel:

47. Schreibe eine ABC-Liste und ordne ein:
Knopf, Knolle, Knoten, Knorpel, Knospe (↗S. 263)

48. **Sigrun, Silke, Sylvia, Simon, Sina, Sinja, Sofie, Sönke, Sophia, Sören**
Was ist falsch in dieser Reihenfolge? (↗S. 263)

49. **Bank, Basar, Bart, Bar, Christ, Dame, Deich**
Schreibe die Namen in alphabetischer Reihenfolge. (↗S. 263)

50. Die Einzahl (der Singular) der Wörter ist immer zuerst genannt. Beispiel: **der Aal, die Aale.**
Wie heißt die Mehrzahl von **Stadion, Chronik, Atlas, Gymnasium, Firma, Aquarium, Bibliothek?**
Schreibe so: das Stadion – die Stadien; die Chronik – …
(↗S. 263)

51. Bei den folgenden Wörtern fehlen die schwierigsten Buchstaben. Schreibe die Wörter richtig in dein Heft.
Erlaubni_, to_müde, Ad___kranz, Wei_nachten, _ampir, Klini_, freun_lich, Aben__er

52. Es gibt viele Wörter mit einer Vorsilbe. Beispiele: **angucken, einschlafen.** Viele stehen im Wörterbuch. Aber für alle ist natürlich kein Platz. Du musst also solche Wörter ohne ihre Vorsilbe suchen. Beispiel: nicht **„einschlafen“**, sondern **„schlafen“**.
auszählen, wegschmeißen, erholen, abholen, wiederholen, durchnehmen, teilnehmen, wegnehmen, benehmen, runterspringen, durchschlüpfen, erzählen

Einige dieser Wörter stehen so nicht im Buch. Ein Kind soll diese schreiben, das andere Kind soll die Wörter schreiben, die im Buch stehen. (Wenn ihr alles richtig macht, hat jedes Kind sechs Wörter im Heft.) (↗ S. 263)

53. Dies sind zwei Mehrzahlformen: **die Banken – die Bänke.**
Schreibe die Einzahlformen und dazu in Klammern die Erklärung. So: die Bank (Sparkasse), die Bank (...)
Mache es genauso mit **Kiefer – Kiefern, Baue – Bauten, Masten – Mästen, Bauern – Bauer.**

54. Rätsel

1. **Pollen:** Ein Buchstabe weniger – dann ist das passende Wappen ein Adler.
2. **Grill:** Mit einem Buchstaben mehr macht es mit den Flügeln Lärm.
3. **Tante:** Einen Buchstaben austauschen – dann es ist mit Kerzen am schönsten.
4. **nieseln:** Fehlt ein Buchstabe, dann sagt man „Gesundheit!".
5. Nach einer **Fahrt** im Sand kann man es da sehen.
6. **Opfer:** Mit einem Buchstaben weniger ist ein Dirigent nötig.
7. **Patent:** Ein Buchstabe mehr – und der Mensch sitzt beim Arzt.
8. **Lager:** Umgekehrt passen Kästen und Dosen hinein.
9. **scheinen:** Mit einer Vorsilbe bedeutet es „ankommen".
10. **Champion:** Gib ihm zwei Buchstaben mehr, dann wird er appetitlich.

Versucht diese Rätsel zu lösen. Schreibt dann zu jedem Rätsel zwei Lösungswörter mit Seitenzahlen.
So: Pollen 138, Polen 138. (↗ S. 263)

55. Viele Nomen (Substantive, Hauptwörter) sind aus zweien zusammengesetzt. Beispiel: Blumen|beet. Auch die haben nicht alle Platz im Buch. Aber du kannst die Teile getrennt nachschlagen: Blume, Beet.
Meersalz, Bierflasche, Gewitterwolke, Handgelenk, Jugendherberge, Tortenstück, Hungersnot, Stundenplan
Suche und schreibe jedes Mal beide Seitenzahlen.

56. Manchmal sind Nomen (Substantiv, Hauptwort, Namenwort) und Verb (Zeitwort, Tätigkeitswort, Tunwort) zu einem Wort zusammengewachsen. Beispiel: „Herz" + „klopfen" = Herzklopfen. Auch hier kannst du getrennt nachschlagen. So: Herzklopfen: 97 und 109
Suche und schreibe jedes Mal beide Seitenzahlen:
Bohrmaschine, Schrittzähler, Tretroller und (Achtung!) **Rücksichtnahme**

57. Viele Verben (Zeitwörter, Tätigkeitswörter, Tunwörter) ändern sich in den Vergangenheitsformen. Dann findest du sie aber leicht. Beispiel: „schlief" findest du hinter „schlafen", „ging" und „gegangen" hinter „gehen". Mache dir eine Tabelle.

So:

Verb	Vergangenheitsformen		Seite
gehen	ging	gegangen	86

Trage ein: **befehlen, liegen, nehmen, beginnen, singen, binden, treffen, werfen, bitten, sterben.**

1. Wörterverzeichnis

für das 2. Schuljahr

Wichtige Wortarten erkennst du an der Farbe:

Nomen (Substantive, Namenwörter) sind blau:
das Haus
Verben (Zeitwörter, Tunwörter) sind rot: singen
Adjektive (Wiewörter) sind grün: groß

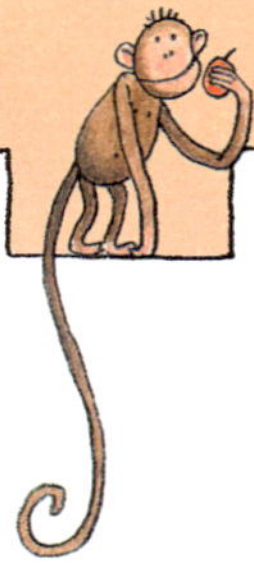

der Abend
die Abende
acht
der Affe
alle, alles
also
alt, älter
die Ampel
der Anfang
anfangen
die Angst
anrufen
die Antwort
antworten

der Apfel
die Äpfel
der April
die Arbeit
arbeiten
der Arm
der Arzt
der Ast
die Äste
die Aufgabe
das Auge
der August
das Auto

das Baby
der Bach
backen
der Bäcker
das Bad
baden
der Ball
die Bälle
die Bank
der Bauch
die Bäuche
bauen
der Bauer
die Bäuerin
der Baum
die Bäume

beide
das Bein
beißen
bekommen
der Berg
besser
der Besuch
besuchen
beten
das Bett
bewegen
sie bewegt
bezahlen
er bezahlt

die Biene
das Bild
die Bilder
die Birne
bitten
das Blatt
die Blätter
blau
bleiben
sie bleibt
blühen
es blüht
die Blume
die Blüte
bluten

der Boden
böse
braun
brechen
brennen
der Brief
bringen
er bringt
das Brot
das Brötchen
der Bruder
das Buch
bunt
der Bus
der Busch

C

der Cent
der Christ
der Christbaum
der Computer

D

damals
danken
denken
deutsch
der Dezember
dick
der Dienstag
der Donnerstag
das Dorf
die Dose
drei
drücken
dunkel
dünn
durch
der Durst

das Ei
die Eier
einmal
eins
der Elefant
elf
die Eltern
das Ende
eng
die Ente
die Erde
erlauben
erzählen
der Esel
essen
die Eule
der Euro

fahren
er fährt
fallen
es fällt
falsch
die Familie
fangen
sie fängt
der Februar
fehlen
der Fehler
fein
das Feld
die Felder
das Fenster
die Ferien
fertig

Fi bis Fl

finden
der Finger
der Fisch
die Flasche
die Fliege
fliegen
es fliegt
fließen
der Flügel
das Flugzeug
flüssig

Fr bis Fu

fragen
sie fragt
die Frau
frei
der Freitag
fremd
der Fremde
die Freude
freuen
der Freund
die Freundin
frisch
die Frucht
der Frühling
füllen
der Füller
fünf
der Fuß

die Gans
ganz fertig
der Garten
geben, sie gibt
der Geburtstag
gefährlich
gehen
er geht, sie ging
gelb
gelbe Blumen
das Geld
die Gelder
das Gemüse
das Gesicht
gestern
gesund
gesunde Zähne

er gibt
sie ging
das Glas
glatt
glauben
das Glück
das Gras
die Gräser
groß, größer
grün
gut

das Haar
die Haare
haben, sie hat
halb
der Hals
halten, er hält
die Hand
die Hände
hart, härter
der Hase
sie hat
er hatte
das Haus
die Häuser
die Haut
die Häute

heben
die Hecke
das Heft
heiß
heißen
helfen, sie hilft
hell
das Hemd
die Hemden
der Herbst
der Herr
das Herz
heute früh
die Hexe

hier
sie hilft
der Himmel
hoch
hoffen
holen
das Holz
hören
der Hort
die Hose
der Hund
die Hunde
hundert

der Igel
irren

das Jahr
der Januar
jeder
jetzt
der Juli
jung
der Junge
der Juni

der Käfer
der Kalender
kalt
die Kälte
ich kann
kaputt
die Katze
kaufen
kennen
das Kind
die Kinder
die Klasse
das Kleid
die Kleider
klein

kommen
können, ich kann
der Kopf
der Körper
es kostet
krank
das Kraut
die Kräuter
kriegen
die Kuh
die Kühe
kurz

La bis Le

lachen
die Lampe
lang, lange
laufen
sie läuft
laut
das Leben
wir leben
sie lebt
legen
sie legt
der Lehrer
die Lehrerin
leicht
leise
lernen
lesen, sie liest
die Leute
das Lexikon

Li bis Lu

das Licht
lieb
lieben
liegen
er liegt
sie liest
links
lustig

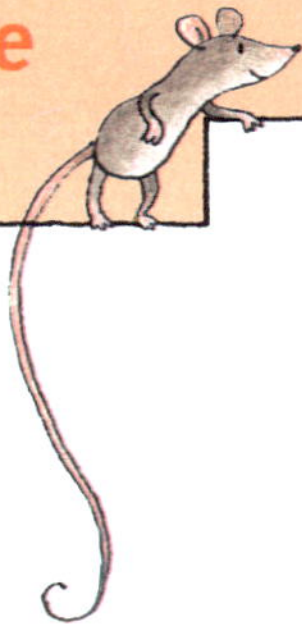

machen
das Mädchen
der Mai
malen
manchmal
der Mann
die Männer
der März
die Maus
die Mäuse
mehr wert
die Menge
der Mensch

die Minute
der Mittwoch
der Monat
der Montag
Bis morgen!
der Morgen
müde
der Müll
der Mund
die Münder
die Musik
man muss
müssen
die Mutter

N

der Nachmittag
die Nacht
die Nächte
der Name
nämlich
die Nase
nass
natürlich
der Nebel
nehmen
neu
neun
nicht
nichts
nie
er nimmt
die Not
der November

O

das Obst
Lass offen!
oft
ohne
das Ohr
der Oktober
der Onkel
die Ordnung
Ostern

P

Q

das Paket
das Papier
die Pause
das Pferd
die Pferde
die Pflanze
pflanzen
pflegen
sie pflegt
die Pizza
der Platz
die Plätze
die Pommes
die Post
der Preis
die Puppe
putzen

das Quadrat
quaken
der Quark
quer

das Rad
rasen
raten
die Raupe
rechnen
rechts
reden
der Regen
regnen
reich
reisen
rennen
richtig
der Rock
rollen
rot
der Rücken
rufen

die Sache
der Saft
die Säfte
sagen
er sagt
das Salz
der Samstag
der Sand
sandig
der Satz
die Sätze
sauber

Scha bis Schm

scharf
schauen
scheinen
schenken
die Schere
schief
das Schiff
schlafen
er schläft
schlagen
sie schlägt
schlau
schlecht
der Schlitten
der Schluss
der Schmetterling
schmutzig

Schn bis Schw

der Schnee
schneiden
schnell
die Schokolade
schön
schreiben
er schreibt
schreien
die Schrift
der Schuh
die Schuhe
die Schule
schwach
schwarz
schwer
die Schwester
schwimmen

sechs
sehen, sie sieht
sehr
die Seife
die Seite
die Sekunde
selten
senden
der September
setzen
sicher
sieben
er sieht
singen
er singt schön
sitzen
er sitzt

der Sohn
der Soldat
sollen
der Sommer
die Sonne
der Sonntag
sonst
die Spagetti
sparen
spät
das Spiel
spielen
spitz
der Sport
sprechen
springen

die Stange
der Stängel
stark
stehen
sie steht
der Stein
stellen
der Stift
still
die Stirn
stolz
die Straße
der Strauch
die Sträucher
das Stück
die Stunde
suchen
süß

die Tafel
der Tag
die Tage
die Tante
die Tasche
tausend
der Teddy
der Tee
das Telefon
die Temperatur
teuer
der Text

das Thermometer
tief
das Tier
der Tisch
die Tochter
toll
das Tor
tragen
sie trägt
der Traum
traurig
trinken
tun
die Tür
turnen

üben
sie übt
die Übung
die Uhr
der Unfall
uns, unser
unten
unter

V

der Vater
vergessen
verkaufen
der Verkehr
verlieren
verstehen
versuchen
viel Zeit
viele Leute
vier
der Vogel
voll
vorbei

Wa

wach
wachsen
er wächst
der Wagen
wahr, nicht gelogen
der Wald
die Wand
es war einmal
warm
die Wärme
warten
warum
waschen
sie wäscht
das Wasser

We

der Weg
die Wege
weich
Weihnachten
weinen
weiß
weit
die Welt
wenig
werden, es wird
werfen
das Wetter

Wi bis Wu

die Wiese
ich will
der Wind
die Winde
der Winter
es wird
wirklich
wissen
die Woche
wohnen
die Wohnung
die Wolke
wollen, sie will
das Wort
wünschen
die Wurzel

das Xylophon

die Yacht

das Ypsilon

die Zahl

zählen

der Zahn

die Zähne

die Zehe

zehn, elf, zwölf

zeigen

er zeigt

die Zeit

das Zimmer

der Zoo

der Zucker

zusammen

zwanzig

zwei

die Zwiebel

zwölf

Wie man fremdsprachige Wörter ausspricht, steht oft in Klammern. Aber meist reichen unsere Buchstaben dafür nicht aus. Deshalb gibt es einige zusätzliche Zeichen:

å ein Laut zwischen a und o

∂ ein Lispellaut fürs Englische, Dänische, Griechische und Spanische, den dir Lehrerin oder Lehrer vorsprechen

ß ein „scharfes" oder stimmloses s

~~sch~~ wird „mit Stimme" gesprochen wie in Gelee *(~~sch~~elee)*

~~on~~
~~an~~
~~in~~ Das sind Nasallaute. Sie werden „durch die Nase" gesprochen. Zum Üben kannst du dir die Nase beim Sprechen zuhalten.

Wenn in einem Klammerwort ein kleiner Schrägstrich über einem Buchstaben steht, ist das ein Betonungszeichen, z. B. *(jássu)*.

2. Wörterverzeichnis

für das 3./4. Schuljahr

In diesem Wörterverzeichnis findest du auch Wörter aus elf anderen europäischen Sprachen. Diese erkennst du an den Autokennzeichen:

CZ	Tschechien
DK	Dänemark
E	Spanien
F	Frankreich
GB	Großbritannien
GR	Griechenland
I	Italien
NL	Niederlande
PL	Polen
TR	Türkei

SKr: Für Serbokroatisch gibt es kein Autokennzeichen, weil seine Dialekte in vier Ländern gesprochen werden:
Bosnien, Jugoslawien, Kroatien und Slowenien.
Dafür steht das Zeichen **SKr**.

Adam

A

der **Aal**, die Aale

das **Aas**

ab und zu

Bei **„abfahren"** und ähnlichen Wörtern schlage den zweiten Wortteil nach; hier: ↗ **fahren**.

ab|bre|chen, es bricht ab

das **Abc**

der **Abend***, die Abende

groß: am Abend, jeden Abend, eines Abends, heute Abend, guten Abend, das Abendbrot, das Abendessen

klein: abends, abendlich

das **Abend|land**

das **Aben|teu|er**, die Abenteuer, abenteuerlich

der **Aber|glau|be**, abergläubisch

der **Ab|fall**, die Abfälle

die **Ab|ge|ord|ne|ten**

der **Ab|grund**, die Abgründe

der **Ab|hang**, die Abhänge

ab|hän|gig

ab|hau|en ↗ 15

das **Abi|tur**

ab|kür|zen, die Abkürzung

der **Ab|le|ger**, die Ableger

ab|leh|nen, die Ablehnung

abon|nie|ren, er abonnierte, das Abonnement (kurz: Abo)

der **Ab|satz**, die Absätze

der/die **Ab|scheu**, abscheulich

der **Ab|schied**, verabschieden

ab|seits, der Spieler war abseits, er stand im Abseits

die **Ab|sicht**, absichtlich

ab|so|lut

der **Ab|stand**, die Abstände

ab|stim|men, die Abstimmung

das **Ab|teil**, die Abteile, die Abteilung

ab|wärts

der **Ab|wasch**, abwaschen

ab|wech|seln, die Abwechslung

ab|we|send

Adamsapfel

Männer haben einen Knorpel vorn am Hals. Bei Jungen wächst er allmählich. Früher sagte man: Das ist ein Stück des verbotenen Apfels, den Adam von Eva im Paradies bekam. Darum heißt er **Adamsapfel.** Die **Pfälzer** sagen: **Adamskrotze; Hessen: Adamsgrüwes; Sachsen: Adamsgriebs; Schwaben: Adamsbutzen; Holländer: Adamsappel; Engländer: Adam's apple**.

Agnes

das **Ab|zei|chen**, die Abzeichen
Achmed *(der Preiswürdige – Ursprung arabisch)*
die **Ach|se**, die Achsen
die **Ach|sel**, die Achseln
acht*, achtzehn, achtzig

klein und zusammen:
achtmal, achtjährig
groß: die Achte in der Reihe
eine Acht fahren

Acht/acht geben, gib Acht/acht!; Nimm dich in Acht!
ach|ten, sie achtete
Ach|tung
äch|zen, sie ächzte
der **Acker**, die Äcker
ad|die|ren, er addierte, die Addition
Ade/ade sagen
der **Adel**, adlig
die **Ader**, die Adern
das **Ad|jek|tiv**, die Adjektive
der **Ad|ler**, die Adler
adop|tie|ren, sie adop-tierten, die Adoption
die **Ad|res|se**, die Adressen, adressieren
die **Adria**
Adrian *(Mann aus Adria – Ursprung römisch)*

der **Ad|vent**, der Adventskranz, der Adventskalender
das **Ad|verb**, die Adverbien
der **Af|fe***, die Affen
Af|ri|ka*, afrikanisch
ag|gres|siv
Agnes *(die Reine – Ursprung griechisch)*
Ahmed (↗ Achmed)
ah|nen, sie ahnte, die Ahnung, ahnungslos
ähn|lich, die Ähnlichkeit
der **Ahorn**, die Ahorne
die **Äh|re**, die Ähren
das **Aids** (Krankheit)
der **Air|bag**, die Airbags
Aileen (↗ Eileen)
der **Ak|kord**, die Akkorde
der **Ak|ku**, die Akkus
der **Ak|ku|sa|tiv** (4. Fall)
der **Ak|ro|bat**, die Akrobaten
die **Ak|te**, die Akten
die **Ak|tie**, die Aktien
die **Ak|ti|on**, die Aktionen
ak|tiv, die Aktivität
akut
der **Alarm**, alarmieren
al|bern
Albert, Alberto *(von glänzender Abstammung – Ursprung deutsch)*
das **Al|bum**, die Alben

Al

A B C D E F G H I J K L M N O P Q R S T U V W X Y Z

Alice

Alexander, Alexandra, Alessandra, Alessandro, Alessa, Alessia *(Menschen, die andere schützen – Ursprung griechisch)*
Alfred *(Ratgeber – englisch)*
Ali *(der Erhabene – arabisch)*
Alice, Alicia, Alisa *(von edler Art – englisch)*
Alina (*slawisch* ↗ Helena)
das **Ali|bi**, die Alibis
der **Al|ko|hol**
das **All**
Al|lah
al|le*
die **Al|lee** ↗50, die Alleen
al|lein
am **al|ler|bes|ten**, das Allerbeste
al|ler|dings
die **Al|ler|gie**, die Allergien, allergisch
al|ler|hand
Al|ler|hei|li|gen
al|ler|lei
al|les, alles Gute, alles Mögliche
all|ge|mein
all|jähr|lich
all|mäh|lich
der **All|tag**, alltäglich
all|zu, allzu oft, allzu sehr
die **Alm**, die Almen
Alois (↗ Ludwig)
die **Al|pen**
das **Al|pha|bet**, alphabetisch
der **Alp|traum**, die Alpträume
als, als ob
al|so
alt*, älter, altmodisch

groß: die Alte, die Alten
alles bleibt beim Alten
Alt und Jung

der **Al|tar**, die Altäre
das **Al|ter**, das Altersheim
die **Al|ter|na|ti|ve**, die Alternativen

anhängen
„Das lass ich mir nicht anhängen!“, sagt einer, wenn etwas Böses über ihn behauptet wird. Die Redensart erinnert ans Mittelalter. Allerlei Missetätern wurde ein Stein um den Hals gehängt, mit dem sie durch die Stadt laufen mussten. Andere wurden auf dem Marktplatz am „Schandpfahl“ festgebunden, und um den Hals wurde ihnen eine Tafel gehängt, worauf ihre Missetat stand.

Andy

das **Alu|mi|ni|um**

der **Ama|teur**
(sprich: *amatöhr*),
die Amateure

die **Amei|se**, die Ameisen

Amelia, Amelie *(aus der römischen Familie der Amelier)*

Amen, Amen/amen sagen

Ame|ri|ka, die Amerikaner, amerikanisch

Amin, Amina *(vertrauenswürdig – Ursprung arabisch)*

die **Am|pel***, die Ampeln

die **Am|phi|bie**, die Amphibien

am|pu|tie|ren,
die Amputation

die **Am|sel**, die Amseln

das **Amt**, die Ämter,
amtlich

an

Bei **„anbieten“** und ähnlichen Wörtern schlage den zweiten Wortteil nach; hier ↗ **bieten**.

die **Ana|nas***, die Ananas

Anastasia, Anastassja *(die Auferstandene – Ursprung griechisch)*

die **An|dacht**, die Andachten,
andächtig, andachtsvoll

das **An|den|ken**, die Andenken

an|de|re, ein anderer,
andernfalls

än|dern, sie änderte,
die Änderung

an|ders

Andrea, Andreas, Andi, Andy, André *(tapferer Mensch – Ursprung griechisch)*

an|ei|nan|der

die **Ane|mo|ne**, die Anemonen

an|er|ken|nen,
die Anerkennung

an|fah|ren (schimpfen) ↗8,
er fuhr sie an

der **An|fall**, die Anfälle,
anfällig

an|fan|gen, es fing an,
der Anfang

an|ge|be|risch

an|geb|lich

das **An|ge|bot**, die Angebote

der/die **An|ge|hö|ri|ge**,
die Angehörigen

der **An|ge|klag|te**, die Angeklagte, die Angeklagten

Angela, Angelina, Angelika *(Engel, die Engelsgleiche – Ursprung griechisch)*

die **An|ge|le|gen|heit**,
die Angelegenheiten

an|geln, er angelte,
die Angel, der Angler

an|ge|nehm

an|ge|sichts

Anke

der/die **An|ge|stell|te**, die Angestellten
die **An|gi|na**
der **An|griff**, die Angriffe
die **Angst** ↗53, die Ängste, ängstlich
der **An|hän|ger**, die Anhänger
an|häng|lich
der **An|ker**, die Anker, ankern
an|kom|men ↗20, er kam an, die Ankunft
die **An|la|ge**, die Anlagen
der **An|lass**, die Anlässe, anlässlich
der **An|lauf**, die Anläufe
Anna, Annika, Ann, Anita, Anja, Anke, Antje, Annette *(die Liebevolle – biblisch)*
an|neh|men ↗1, sie nahm an
die **An|non|ce**, die Annoncen
ano|nym
der **Ano|rak***, die Anoraks
an|re|den ↗7, die Anrede
an|ru|fen, der Anruf

ans (an das Haus)
die **An|sa|ge**, die Ansagen
an|schau|en ↗3, sie schaute an, die Anschauung, anschaulich
an|schei|nend
an|schlie|ßen, der Anschluss, anschließend
die **An|schrift**, die Anschriften
an|se|hen ↗3, die Ansicht
an|sehn|lich
die **An|spra|che**, die Ansprachen, eine Ansprache halten ↗7
der **An|spruch**, die Ansprüche
an|stän|dig, der Anstand
an|statt
an|stren|gend, die Anstrengung
der **An|teil**, die Anteile
die **An|ten|ne**, die Antennen
an|tik
die **An|ti|lo|pe**, die Antilopen

Aprilscherz
Wer sich am ersten April „in den April schicken" lässt, um zum Beispiel in der Apotheke Gänsemilch, getrockneten Schnee, Lehrerschweiß oder Stecknadelsamen zu kaufen, heißt **Aprilnarr**. Die Engländer sagen **Aprilfool** *(ëiprilfuul)*. In Frankreich heißt der Aprilscherz „Aprilfisch": **le poisson d'avril** *(le poaß~~on~~ dawril)*.

Arne

die **An|ti|qui|tät**,
die Antiquitäten
Anton, Antoniko,
Antonia, Toni
(alter römischer Name)
der **An|trag**, die Anträge
der **An|trieb**
ant|wor|ten ↗11,
die Antwort*
der **An|walt**, die Anwältin,
die Anwälte
an|we|send, die Anwesen-heit, der Anwesende
die **An|zahl**
sich **an|zie|hen*** ↗28,
er zog sich an, der Anzug
an|zün|den, sie zündete an
die **AOK** (Allgemeine Orts-krankenkasse)
das **Apart|ment**,
die Apartments
der **Ap|fel***, die Äpfel
die **Ap|fel|si|ne***, die Apfelsinen
die **Apo|the|ke**, die Apotheken,
der Apotheker,
die Apothekerin
der **Ap|pa|rat**, die Apparate
das **Ap|par|te|ment**,
die Appartements
der **Ap|pe|tit**, appetitlich
der **Ap|plaus**, applaudieren
die **Ap|ri|ko|se**, die Aprikosen

der **Ap|ril***
das **Aqua|ri|um**, die Aquarien
der **Äqua|tor**
der **Ara|ber**, die Araber,
arabisch
ar|bei|ten, der Arbeiter,
die Arbeiterin, der Arbeit-nehmer, der Arbeitgeber
ar|beits|los, die Arbeits-losen, die Arbeitslosigkeit
der **Ar|chi|tekt**, die Architektin,
die Architekten
das **Ar|chiv**, die Archive
arg ↗62, ärger
(sich) **är|gern**, er ärgerte (sich),
der Ärger, ärgerlich,
das Ärgernis
das **Ar|gu|ment**, die Argumente
arm sein, ärmlich
der **Arm***, die Arme
die **Ar|mee**, die Armeen
der **Är|mel**, die Ärmel
Armin *(Name des germanischen Fürsten Arminius)*
arm|se|lig
Arnd, Arndt, Arne
(Herrscher wie ein Adler – alter deutscher Name)
ar|ro|gant
das **Aro|ma**, die Aromen
die **Art**, die Arten,
die Art und Weise

Astrid

A B C D E F G H I J K L M N O P Q R S T U V W X Y Z

ar|tig
der **Ar|ti|kel**, die Artikel
die **Ar|ti|scho|cke**, die Artischocken
der **Ar|tist**, die Artistin, die Artisten
der **Arzt**, die Ärztin, die Ärzte, die Arznei
die **Asche**
Asi|en, die Asiaten, asiatisch
der **As|phalt**
das **Ass**, die Asse
der **As|sis|tent**, die Assistentin, die Assistenten
der **Ast**, die Äste, verästelt
das **Asth|ma**
Astrid *(göttlich schön – Ursprung schwedisch)*
der **As|tro|naut**, die Astronauten
die **As|tro|no|mie**, astronomisch
das **Asyl**, die Asylbewerber
der **Atem**, atmen, atemlos
der **Ath|let**, die Athletin, die Athleten
der **At|lan|tik**, der Atlantische Ozean
der **At|las**, die Atlanten oder: die Atlasse
at|men, sie atmete, die Atmung

die **At|mo|sphä|re**
das **Atom**, die Atome, die Atomenergie
das **At|test**, die Atteste
at|trak|tiv, die Attraktion
auch*
auf Deutsch

Bei **„auffallen"** und ähnlichen Wörtern schlage den zweiten Wortteil nach; hier: ↗ **fallen**.

auf|ei|nan|der
auf ein|mal
der **Auf|ent|halt**, die Aufenthalte
die **Auf|ga|be**, die Aufgaben
auf|ge|regt
auf|ma|chen ↗ 29
auf|merk|sam, die Aufmerksamkeit
auf|räu|men, er räumte auf
auf|recht
auf|rei|ßen ↗ 29, sie riss auf
(sich) **auf|rich|ten** ↗ 23
aufs (auf das Dach)
der **Auf|satz**, die Aufsätze
auf|schla|gen ↗ 29
die **Auf|sicht**, der Aufseher
auf|ste|hen* ↗ 23, er stand auf, der Aufstand
der **Auf|trag**, die Aufträge
der **Auf|tritt**, die Auftritte

Axel

der **Auf|wand**
auf|wärts
auf|we|cken, er weckte sie auf
auf|wen|dig/auf|wän|dig
auf Wie|der|se|hen*
der **Auf|zug**, die Aufzüge
das **Au|ge***, die Augen, das Augenlid, der Augapfel, im Auge behalten ↗3
der **Au|gen|blick** ↗55, die Augenblicke
August *(nach dem Kaiser Augustus)*
der **Au|gust***
aus, auseinander

Bei **„ausbilden"** und ähnlichen Wörtern schlage den zweiten Wortteil nach; hier: ↗ **bilden**.

die **Aus|dau|er**, ausdauernd
der **Aus|flug**, die Ausflüge
aus|führ|lich
der **Aus|gang**, die Ausgänge
aus|ge|rech|net
aus|ge|zeich|net*
die **Aus|kunft**, die Auskünfte
das **Aus|land**, der Ausländer, ausländisch
die **Aus|nah|me**, die Ausnahmen, ausnahmsweise
der **Aus|puff**, die Auspuffe
die **Aus|rede**, die Ausreden
aus|rei|chend
aus|rei|ßen ↗17, er riss aus
aus|ru|fen ↗12, sie rief aus
Aus|schau halten ↗35
der **Aus|schlag**, die Ausschläge
aus|schlie|ß|lich
au|ßen, äußerlich
au|ßer, außerdem
äu|ßern, die Äußerung
äu|ßerst
die **Aus|sicht**, die Aussichten
der **Aus|sied|ler**, die Aussiedler
aus|stel|len, die Ausstellung
Aus|tra|li|en, die Australier, australisch
aus|wärts
der **Aus|weg**, die Auswege
Aus|weis
aus|wen|dig
das **Au|to***, die Autos, Auto fahren, die Autobahn
das **Au|to|gramm**
der **Au|to|mat**, die Automaten, automatisch
der **Au|tor**, die Autorin, die Autoren
Axel *(schwedisch: Friedenmacher – Ursprung biblisch)*
die **Axt**, die Äxte
Ayleen (↗ Eileen)

B

Bärbel

Babette
(französisch: kleine ↗ Barbara)
das **Ba|by***, die Babys
der **Bach**, die Bäche
die **Ba|cke**, die Backen
ba|cken, er bäckt, auch: backt, sie backte, auch: buk, der Bäcker
das **Bad**, die Bäder
ba|den, sie badete
Ba|den-Würt|tem|berg
der **Bag|ger**, die Bagger
die **Bahn**, die Bahnen, der Bahnhof*
Bah|re, die Bahren
Bak|te|rie, die Bakterien
ba|lan|cie|ren, sie balancierte
bald
der **Bal|ken**, die Balken
der **Bal|kon**, die Balkons oder: Balkone
der **Ball***, die Bälle, Ball spielen
das **Bal|lett**
der **Bal|lon**, die Ballons oder: die Ballone
die **Ba|na|ne***, die Bananen
das **Band**, die Bänder (zum Binden)
der **Band**, die Bände (Bücher)
die **Band**, die Rockband
die **Ban|de**, die Banden
bän|di|gen, sie bändigte
der **Ban|dit**, die Banditen
ban|ge, ich bin bange; nur keine Bange! ↗53
die **Bank** (Sparkasse), die Banken
die **Bank** (Sitz- und Sandbank), die Bänke
bar bezahlen, barfuß
der **Bär***, die Bären
die **Ba|ra|cke**, die Baracken
Barbara, Bärbel, Barbi
(die Fremde, Ausländerin – Ursprung römisch)
das **Ba|ro|me|ter**, die Barometer
der **Bart**, die Bärte

ausbaden
Früher war es üblich, dass mehrere Personen dasselbe Badewasser in einer Holzwanne benutzten. Der Letzte musste das Schmutzwasser ausgießen. Das nannte man „ausbaden".
Daher sagen wir noch heute, wenn einer die Folgen einer unangenehmen Angelegenheit tragen muss: „Er muss die Sache ausbaden."

Bastian

der **Ba|sar**, die Basare
der **Bas|ket|ball**
der **Bass**, die Bässe
der **Bast**
bas|teln, er bastelte
Bastian (↗ Sebastian)
die **Bat|te|rie**, die Batterien
der **Bau**, die Baue (von Tieren)
der **Bau**, die Bauten (Gebäude), der Bauarbeiter, die Baustelle
der **Bauch***, die Bäuche
bau|en, sie baute
der **Bau|er**, die Bäuerin, die Bauern
das/der **Bau|er** (Vogelkäfig), die Bauer
der **Baum**, die Bäume
bau|meln, es baumelte
die **Baum|wol|le**
Bay|ern, bayerisch
die **Ba|zil|le**, die Bazillen
be|ach|ten, sie beachtete
der **Be|am|te**, die Beamtin, die Beamten
be|an|tra|gen, der Antrag
Beate, Beatrix, Beatrice, Bea *(die Glückliche – Ursprung römisch)*
be|ben, es bebte
der **Be|cher**, die Becher

das **Be|cken**, die Becken
be|dau|ern, bedauerlich
be|deu|ten, die Bedeutung
die **Be|din|gung**, die Bedingungen
sich **be|ei|len**, die Beeilung
be|en|den, er beendete
be|er|di|gen, die Beerdigung
die **Bee|re**, die Beeren
beesch gibt es nicht ↗ beige
das **Beet**, die Beete
be|feh|len, sie befahl, er hat befohlen, der Befehl
be|fes|ti|gen, die Befestigung
be|för|dern, die Beförderung
be|freun|det
be|frie|di|gend
be|fruch|ten, die Befruchtung
be|gabt, die Begabung
be|geg|nen, die Begegnung
be|geis|tert
be|gin|nen, er begann, es hat begonnen, der Beginn
be|glei|ten, die Begleitung
be|gra|ben, das Begräbnis
be|grei|fen, sie begriff, der Begriff
be|grün|den, die Begründung
be|grü|ßen, die Begrüßung

Bella

be|hag|lich
be|hal|ten, der Behälter
be|han|deln, die Behandlung
be|haup|ten, die Behauptung
(sich) **be|herr|schen**, die Beherrschung
be|hin|dert, die Behinderung
die **Be|hör|de**, die Behörden
be|hut|sam
beich|ten, er beichtete, die Beichte
bei|de
der **Bei|fall**
bei|ge (sprich: *beesch*)
das **Beil**, die Beile
das **Bei|leid**
beim (bei dem)
das **Bein***, die Beine
bei|nah, beinahe
bei|sei|te
das **Bei|spiel**, zum Beispiel (kurz: z. B.)

bei|ßen, sie biss, gebissen, der Biss, bissig
be|kannt, bekanntlich, die Bekanntschaft
be|kom|men, er bekam
be|la|den, sie belud
der **Be|lag**, die Beläge
be|läs|ti|gen, er belästigte, die Belästigung
be|leh|ren, die Belehrung
be|lei|di|gen, die Beleidigung
Bel|gi|en, die Belgier, belgisch
be|liebt, die Beliebtheit
Bella *(die Schöne – aus dem Italienischen und Spanischen)*
bel|len, er bellte
be|loh|nen, die Belohnung
be|mer|ken* (sehen)
be|mer|ken (sagen), die Bemerkung
be|mü|hen, die Bemühung
be|nach|rich|ti|gen, die Benachrichtigung

Bein-Schlittschuh
„Bein" ist der alte Name für Knochen. Deshalb gibt es die Namen Schlüsselbein, Jochbein, Wadenbein, Nasenbein, Brustbein. Das Schienbein heißt so, weil früher von großen Schlachttieren dieser Knochen als Schiene fürs Eislaufen mit Knochen-Schlittschuhen benutzt wurde.

Berti

Benedikt, Bent *(der Gesegnete – lateinisch)*

sich **be|neh|men**, er benimmt sich, benahm sich, hat sich benommen; Benimm dich!, das Benehmen

be|nei|den, beneidenswert

der **Ben|gel**, die Bengel

Benjamin, Ben, Benny *(biblisch: Glückskind)*

be|nö|ti|gen

be|nut|zen, der Benutzer

das **Ben|zin**

be|o|bach|ten

be|quem

be|ra|ten, der Berater, die Beraterin, die Beratung

be|rech|ti|gen, die Berechtigung

der **Be|reich**, die Bereiche

be|reit, die Bereitschaft

be|reits

be|reu|en

der **Berg**, bergab, bergauf, bergig, das Bergwerk

ber|gen, er birgt, die Bergung

der **Be|richt**, berichten

be|rich|ti|gen, die Berichtigung

Berit (↗ Birgit)

Ber|lin

Bernhard, Bernd, Bernadette *(starker Bär – alte deutsche Namen)*

bers|ten, es barst, ist geborsten

Berta, Berthold, Berti *(glänzender Mensch – alte deutsche Namen)*

be|rück|sich|ti|gen, die Berücksichtigung

der **Be|ruf**, die Berufe, berufstätig

be|ru|hi|gen, die Beruhigung

be|rühmt

be|rüh|ren, die Berührung

be|schä|di|gen, die Beschädigung

be|schäf|ti|gen, die Beschäftigung

der **Be|scheid**, die Bescheide

be|schei|den, die Bescheidenheit

be|schei|ni|gen, die Bescheinigung

be|sche|ren, die Bescherung

be|schlie|ßen, sie beschloss, der Beschluss

be|schrei|ben, er beschrieb, die Beschreibung

Billy

be|schüt|zen
sich **be|schwe|ren**,
die Beschwerde
be|sei|ti|gen, die Beseitigung
der **Be|sen**, die Besen,
der Besenstiel ↗52
be|set|zen, besetzt, die Besetzung, die Besatzung
be|sich|ti|gen,
die Besichtigung
be|sit|zen, er besitzt,
sie besaß, hat besessen,
der Besitz
be|son|ders, das Besondere
be|sor|gen, die Besorgung
be|spre|chen, er besprach,
hat besprochen,
die Besprechung
bes|ser, beste

> **groß:** das Beste, was es gibt
> etwas Besseres
> Ich bin der Beste.
> Ich tue mein Bestes.
> Es ist das Beste, ...
> **klein:** Am besten fahren wir morgen.
> Es ist am besten, wenn ...

be|stä|ti|gen,
die Bestätigung
be|stat|ten, die Bestattung
be|stäu|ben,
die Bestäubung

be|ste|chen, er bestach,
sie hat bestochen,
die Bestechung
das **Be|steck**, die Bestecke
be|ste|hen, sie bestand,
der Bestand
be|stel|len, die Bestellung
die **Bes|tie**, die Bestien
be|stim|men,
die Bestimmung, bestimmt
be|stra|fen, die Bestrafung
be|strah|len,
die Bestrahlung
der **Best|sel|ler**, die Bestseller
der **Be|such**, besuchen
be|täu|ben,
die Betäubung
(sich) **be|tei|li|gen**, die Beteiligung
be|ten, sie betete
Beth|le|hem
der **Be|ton**
be|to|nen, die Betonung
be|trach|ten ↗3,
die Betrachtung
der **Be|trag**, die Beträge
(sich) **be|tra|gen**, er beträgt sich,
sie betrug sich,
das Betragen
be|tref|fen, es betrifft,
es betraf
be|treu|en, die Betreuung
der **Be|trieb**, die Betriebe

Birthe

be|trübt
be|trü|gen, er betrog, der Betrüger, der Betrug
das **Bett*** ↗49, die Betten
bet|teln, der Bettler
Betti, Bettina (↗ Elisabeth)
beu|gen, sie beugte, die Beugung
die **Beu|le**, die Beulen
be|ur|tei|len, die Beurteilung
die **Beu|te**
der **Beu|tel**, die Beutel
die **Be|völ|ke|rung**
be|vor
be|vor|zu|gen, er bevorzugte, die Bevorzugung
be|we|gen, die Bewegung, beweglich
be|wei|sen, sie bewies, der Beweis
sich **be|wer|ben**, er bewirbt sich, sie bewarb sich, hat sich beworben, die Bewerbung
die **Be|wöl|kung**, bewölkt
be|wun|dern, die Bewunderung
be|zah|len*, die Bezahlung
be|zeich|nen, die Bezeichnung
be|zie|hen, er bezog, die Beziehung, der Bezug
be|zie|hungs|wei|se (kurz: bzw.)
der **Be|zirk**
Bianca, Bianka *(italienisch: die Weiße)*
die **Bi|bel**, die Bibeln
der **Bi|ber**, die Biber
die **Bi|bli|o|thek**, die Bibliotheken, der Bibliothekar, die Bibliothekarin
bie|gen, sie bog, die Biegung
die **Bie|ne**, die Bienen
das **Bier**
das **Biest**, die Biester
bie|ten, er bot
das **Bild***, die Bilder
bil|den, die Bildung
Bill, Billy (↗ Wilhelm)
bil|lig
ich **bin** froh
bin|den, sie band, gebunden, die Binde
die **Bio|gra|fie**, die Biografien
die **Bio|lo|gie**
das **Bio|top**, die Biotope
Birgit, Birgitta, Birthe, Birte *(aus dem Schwedischen* ↗ Brigitte)
die **Bir|ke**, die Birken
bis heute, aber: er biss mich

Björn

A B C D E F G H I J K L M N O P Q R S T U V W X Y Z

der **Bi|schof**,
die Bischöfin,
die Bischöfe

bis|her

ein **biss|chen**

du **bist** lieb

bit|te schön

bit|ten, er bat,
hat gebeten, die Bitte

bit|ter

Björn *(skandinavisch: der Bär)*

(sich) **bla|mie|ren**, die Blamage
(sprich: *blama~~sch~~*)

blank

die **Bla|se**, die Blasen,
das Bläschen

bla|sen, er bläst, sie blies

blass, die Blässe

das **Blatt***, die Blätter, blättern

blau, bläulich

> **klein:** der blaue Brief
> ein blaues Wunder erleben
> **groß:** die Farbe Blau
> ganz in Blau gekleidet
> eine Fahrt ins Blaue
> **zusammen:** blaugrau
> **freie Wahl:**
> blau gestreift/blaugestreift

das **Blau|kraut**, die Blaubeere

das **Blech**, die Bleche

das **Blei**, bleiern

blei|ben, sie blieb

bleich

der **Blei|stift***, die Bleistifte

bli|cken ↗2, er blickte,
einen Blick werfen ↗3

blind, der Blinde

der **Blind|darm**

blin|ken, er blinkte

der **Blitz**, die Blitze, blitzen,
blitzschnell

der **Block**, die Blöcke

die **Blo|cka|de**, blockieren

die **Block|flö|te**,
die Blockflöten

blöd, der Blödsinn

blö|ken, es blökte

blond

bloß

die **Bluejeans/Blue Jeans**
(sprich: *bluh~~dsch~~iens*)

blü|hen, es blühte,
aber: die Blüte

die **Blu|me**, die Blumen

die **Blu|se***, die Blusen

das **Blut**, bluten

die **Böe** oder: die Bö,
die Böen

Bob, Bobby
(*englisch* ↗ Robert)

der **Bock**, die Böcke, bockig

der **Bo|den**, die Böden

Bodil *(Gebieterin oder Botin – alter dänischer Name)*

Bodil

Bodo *(vermutlich: Bote – alter deutscher Name)*

der **Bo|gen**, die Bogen/die Bögen

die **Boh|le**, die Bohlen

die **Bo|hne**, die Bohnen

boh|ren, sie bohrte, der Bohrer

die **Bo|je**, die Bojen

bol|zen, er bolzte

die **Bom|be**, die Bomben, bombardieren

der **Bon**, die Bons

as/der **Bonbon**, die Bonbons

das **Boot**, die Boote

das **Bord** (Wandbrett), die Borde

der **Bord** (Schiffsrand), sie geht an Bord

der **Bord|stein**, die Bordsteine

bor|gen, er borgte

Boris *(russisch: Kämpfer)*

die **Bors|te**, die Borsten

die **Bö|schung**, die Böschungen

bö|se, boshaft, die Bosheit, der Bösewicht

der **Boss**, die Bosse

der **Bo|te**, die Botin, die Boten

der **Bot|tich**, die Bottiche

die **Bou|tique**, die Boutiquen

die **Bow|le** (sprich: *boole*), die Bowlen

die **Box**, die Boxen

bo|xen

der **Brand**, die Brände

Bran|den|burg

die **Bran|dung**

bra|ten, sie briet, der Braten

brau|chen, der Brauch, brauchbar

brau|en, er braute

braun, bräunen

brau|sen, er brauste

die **Braut**, die Bräute

der **Bräu|ti|gam**, die Bräutigame

brav

bra|vo

bre|chen, es bricht, brach, ist gebrochen, der Bruch

der **Brei**

breit, die Breite

Bre|men

brem|sen, die Bremse

bren|nen, es brannte, der Brand

die **Brenn|nes|sel**, die Brennnesseln

das **Brett**, die Bretter

die **Bre|zel**, die Brezeln

Britta

der **Brief**, die Briefe,
der Briefträger,
die Briefmarke

Brigitte,
Brigitta, Britta, Birgitte
(die Hohe, Erhabene – Ursprung keltisch)

das **Bri|kett**, die Briketts
der **Bril|lant**, die Brillanten
die **Bril|le***, die Brillen
brin|gen, sie brachte
die **Bri|se**, die Brisen
Britta *(Kurzform von* ↗Brigitte)
der **Bro|cken**, die Brocken,
bröckeln, bröck(e)lig
bro|deln
der **Brok|ko|li/Broc|co|li**
die **Brom|bee|re**,
die Brombeeren
die **Bron|chie**, die Bronchien
die **Bron|chi|tis**
die **Bron|ze**
die **Bro|sche**, die Broschen
das **Brot***, die Brote,
das Brötchen
der **Bruch**, die Brüche,
brüchig

die **Brü|cke**, die Brücken
der **Bru|der***, die Brüder
die **Brü|he**, die Brühen,
brühen
brül|len ↗9,
das Gebrüll
brum|men ↗7,
er brummt, der Brummer

Brunhild, Bruni
(Kämpferin – alter deutscher Name)

der **Brun|nen**, die Brunnen
Bruno *(brauner Bär – alter deutscher Name)*
die **Brust**, die Brüste
bru|tal, die Brutalität
brü|ten, sie brütete,
die Brut
brut|to
brut|zeln, er brutzelt
der **Bub** oder: **Bu|be** ↗37,
die Buben
das **Buch***, die Bücher,
die Bücherei
die **Bu|che**, die Buchen
bu|chen, sie bucht
die **Büch|se**, die Büchsen

Bruder: auffällige Ähnlichkeit
Lateinisch: **frater**; **I:** **fratello**; **Indisch:** **bhratr**; **PL:** **brat**; **Skr:** **brat**; **CZ:** **bratr**; **GB:** **brother**; **D:** **Bruder**; **DK:** **bror** (sprich: *brødre*); **NL:** **broer** (sprich: *bruur*); **F:** **frère** – Kann denn so viel Ähnlichkeit Zufall sein?

Bruno

der **Buch|sta|be**, die Buchstaben, buchstabieren
die **Bucht**, die Buchten
der **Bu|ckel**, die Buckel, buck(e)lig
sich **bü|cken**, der Bückling
die **Bu|de**, die Buden
bud|deln
der **Bud|dhis|mus**, der Buddhist, buddhistisch
die **Bu|de**, die Buden
der **Bü|gel**, die Bügel
bü|geln, er bügelte, das Bügeleisen
die **Büh|ne**, die Bühnen
Bul|ga|ri|en, die Bulgaren, bulgarisch
der **Bul|le**, die Bullen
bum|meln, der Bummel
das **Bund** Stroh, die Bunde
der **Bund**, die Bünde, das Bündnis
das **Bün|del**, die Bündel
die **Bun|des|re|gie|rung**
die **Bun|des|re|pu|blik**
die **Bun|des|wehr**
das **Bünd|nis**, die Bündnisse
der **Bun|ker**, die Bunker
bunt, der Buntstift
die **Burg**, die Burgen
der **Bür|ger**, die Bürger
der **Bur|ger** (sprich: *börger*), die Burger
das **Bü|ro**, die Büros
der **Bur|sche** ↗ 37, die Burschen
bürs|ten, sie bürstete, die Bürste
der **Bus***, die Busse
der **Busch**, die Büsche
das **Bü|schel**
der **Bu|sen**, die Busen
der **Bus|sard**, die Bussarde
bü|ßen, er büßte, die Buße, der Büßer
die **But|ter***, die Buttermilch, das Butterbrot

A B C D E F G H I J K L M N O P Q R S T U V W X Y Z

Celine

C

das **Ca|fé**, die Cafés,
die Cafeteria
der **Ca|mem|bert** (Käse)
das **Cam|ping**, campen,
der Campingplatz
das **Cape**, die Capes
(sprich: *käip*)
der **Ca|ra|van**,
die Caravans
das **Car|port**, die Carports
cash (sprich: *käsch*)
cat|chen, der Catcher
(sprich: *kätschen*)
die **CD** (compact disc),
die CDs, der CD-Spieler,
die CD-ROM

das **Cel|lo**, die Celli
oder: Cellos
Cel|si|us (Zeichen C),
10 Grad Celsius (10 °C)
der **Cent**, die Cents
das **Cen|ter**, die Center

Ch am Wortanfang wird unterschiedlich gesprochen. Wie es gesprochen wird, steht hinter jedem Wort: **sch**, **k**, **ch** oder **tsch**.

der **Cham|pa|gner** *(sch)*
der **Cham|pi|gnon**,
die Champignons *(sch)*
der **Cham|pi|on**,
die Champions *(tsch)*
die **Chan|ce**, die Chancen,
chancenlos *(sch)*

Namen mit C

Cäcilia, Cäcilie *(aus der römischen Familie der Caecilier)*; **Camilla, Camillo** *(aus der römischen Familie Camillus)*; **Carina** *(italienisch: die Hübsche)*; **Caroline, Carolina, Carla, Carola, Carolin** (↗ Karl); **Carsten** (↗ Karsten); **Celina, Celine** *(nach einem alten römischen Namen)*; **Chantal** *(Name einer berühmten Französin)*; **Charlotte** (↗ Karl); **Chiara** *(italienisch für* ↗ Clara*)*; **Christian, Chris, Christine, Christiane, Christina, Christa, Christel** *(christlicher Mensch – Ursprung römisch)*; **Christoph(er)** *(Christus im Herzen – Ursprung griechisch)*; **Clara, Claire** *(die Berühmte – Ursprung römisch)*; **Claudia, Claudius, Claudio** *(aus der römischen Familie der Claudier)*; **Clemens, Clementine** *(römisch: milder Mensch)*; **Colette** (↗ Nicolette); **Constantin** *(der Standhafte – Ursprung römisch)*; **Cordula** *(römisch: Herzchen)*; **Corinna** *(Mädchen – Ursprung griechisch)*; **Cornelia** *(aus der römischen Familie der Cornelier)*; **Cosima** *(Schönheit – Ursprung griechisch)*

Carsten

das **Cha|os**,
der Chaot,
chaotisch *(k)*
der **Cha|rak|ter**,
die Charaktere *(k)*
char|tern, der Charterflug,
die Charter *(tsch)*
der **Charme**, charmant *(sch)*
der **Chef**, die Chefin *(sch)*,
die Chefs
die **Che|mie**, der Chemiker,
die Chemikerin,
chemisch *(ch)*
Chi|na, die Chinesen,
chinesisch *(ch)*
der **Chip**, die Chips *(tsch)*
der **Chi|rurg**, die Chirurgin,
die Chirurgen *(ch)*
das **Chlor** *(k)*
der **Chor**, die Chöre *(k)*
der **Christ**, die Christen,
Christus, das Christen-
tum, christlich *(k)*
das **Chrom** *(k)*

die **Chro|nik**, die Chroniken *(k)*
die **Ci|ty**, die Citys
cle|ver
die **Cli|que**, die Cliquen
der **Clown**, die Clowns
der **Club**, die Clubs
der **Code**, die Codes
die/das **Co|la**, die Colas
der **Co|mic**, die Comics
der **Com|pu|ter***, die Computer
der **Con|tai|ner**, die Container
cool
die **Couch**, die Couchs/
die Couchen
der **Cou|sin**, die Cousins
die **Cou|si|ne**, die Cousinen,
auch: die Kusine
der **Cow|boy**, die Cowboys
die **Creme**, die Cremes,
auch: die Kreme
das **Crois|sant**, die Croissants
der/das **Cur|ry**, die Currywurst
der **Cur|sor**

-chen oder -lein?
Wenn man die Verkleinerung einer Sache ausdrücken will, hängt man manchmal ein *-chen* an, manchmal ein *-lein*, und manchmal ist beides möglich: Kindchen, Kindlein; Häschen, Häslein.
Was sagt euer Sprachgefühl bei Kanin, Maul, Bauch, Eichhorn, Berg, Licht, Suppe, Mär, Blase, Kloß, Brunnen, Stab, Rad, Backe, Haken, Tuch?

D

David

da, da sein;
aber: dableiben
da|bei
das **Dach**, die Dächer
der **Dachs**, die Dachse
der **Da|ckel**, die Dackel
da|durch
da|für
da|ge|gen
da|heim
da|her
da|hin
da|hin|ten, **da|hin|ter**
die **Dah|lie**, die Dahlien
da|mals
die **Da|me** ↗39, die Damen
Damian, Damjan
(Volk – Ursprung griechisch)
da|mit
däm|lich
der **Damm**, die Dämme
däm|mern, es dämmerte,
die Dämmerung,
dämm(e)rig
der **Dampf**, die Dämpfe,
dampfen, der Dampfer
da|nach
da|ne|ben
Dä|ne|mark, die Dänen,
dänisch

Daniel, Danny,
Daniela, Danielle,
Daniella *(in der Bibel:*
Mensch, der sich Gott übergibt)
dan|ken, der Dank,
dankbar, die Dankbarkeit,
danke* schön!
ein herzliches Dankeschön
dann
Daphne *(Name einer*
griechischen Nymphe)
da|ran, **da|rauf**, **da|rauf|hin**
da|raus, **da|rin**
Darius *(der Mächtige –*
Ursprung griechisch)
der **Darm**, die Därme
da|rü|ber
da|rum
da|run|ter
das Haus
dass, ich weiß, dass ...
das|sel|be
der **Da|tiv** (3. Fall)
das **Da|tum**, die Daten
dau|ern, die Dauer
der **Dau|men**, die Daumen
David *(biblisch: Liebling)*
da|von
da|vor
da|zu
da|zwi|schen,
dazwischenrufen ↗12

Denise

Deborah, Debora
(biblisch: Biene)
die **De|cke**, die Decken
der **De|ckel**, die Deckel
de|cken, die Deckung
de|fekt, der Defekt
def|tig
deh|nen, gedehnt, die Dehnung, dehnbar, aber: denen
der **Deich**, die Deiche
die **Deich|sel**, die Deichseln
dein*, deine
dei|net|we|gen
de|ko|rie|ren, die Dekoration
der **Delfin***, die Delfine, auch: Delphin
die **De|li|ka|tes|se**, die Delikatessen
dem, in dem Haus
dem|nach
dem|nächst
die **De|mo|kra|tie**, die Demokratien, der Demokrat, demokratisch
de|mons|trie|ren, die Demonstration, der Demonstrant
die **De|mut**, demütig

den, für den Vater, aber: ↗ denn
de|nen, bei denen, aber: dehnen
den|ken, sie dachte, das Denken
das **Denk|mal**, die Denkmäler
denn; Wann denn?
Dennis, Denis, Denise
(Gott geweiht – Ursprung griechisch)
den|noch
der
derb
de|ren
der|je|ni|ge
der|sel|be
des
des|halb
des|sen
des|to besser
des|we|gen
der **De|tek|tiv**, die Detektive
deu|ten
deut|lich ↗ 61
deutsch

> **groß:** auf Deutsch gesagt
> die Deutschen
> das Deutsche Rote Kreuz
> Sie spricht ein gutes Deutsch.
> Ich lerne Deutsch.
> **klein:** das deutsche Volk
> Sie spricht deutsch.

Dietmar

Deutsch|land
der **De|zem|ber**
der/das **De|zi|me|ter** (Zeichen: dm)
das **Dia**, die Dias
der **Dia|be|ti|ker**, die Diabetiker
dia|go|nal, die Diagonale
der **Dia|lekt**, die Dialekte
der **Dia|mant**, die Diamanten
Diana, Diane *(Name der römischen Jagdgöttin)*
die **Di|ät**, die Diäten
dich
dicht, die Dichtung
dich|ten, der Dichter, die Dichtung
dick ↗60, der Dicke
der **Dieb**, die Diebe, der Diebstahl
die **Die|le**, die Dielen
die|nen, er diente
der **Die|ner**, die Diener
der **Dienst**, die Dienste
der **Diens|tag**, die Dienstage

nächsten Dienstag
immer dienstags
an jedem Dienstagabend
immer dienstags abends
immer dienstagabends
eines Dienstagabends
Dienstag früh fahren wir

dies und das
die|se, dieser, dieses
der **Die|sel**
die|sig
dies|mal, dieses Mal
Dieter, Dietrich, Dirk, Dierk *(wichtige Männer im Volk – alte deutsche Namen)*
Diethelm, Dietmar, Dietlind *(im Volk berühmte Menschen – alte deutsche Namen)*
die **Dif|fe|renz**, die Differenzen

Dicke Dürre und dürre Dicke
Vor ein paar hundert Jahren nannte man manche Menschen nach Besonderheiten ihres Körpers. Ein Dünner wurde Dürr, Dürre, Dörr ... genannt. Diesen Namen haben heute auch Dicke geerbt. Wer Bauch, Buk oder Wamp heißt, ist vielleicht spindeldürr und kennt den Dicken nicht, dem er seinen Namen verdankt. Der berühmte Boxer Max Schmeling (eigentlich: Schmäling) war ein bärenstarker, kräftiger Mann. Aber der Vorfahr, dessen Namen er hatte, muss ein „schmales Handtuch" gewesen sein. (Siehe auch S. 133.)

A B C D E F G H I J K L M N O P Q R S T U V W X Y Z

Dolores

di|gi|tal
das **Dik|tat**, die Diktate, diktieren
die **Dik|ta|tur**, die Diktaturen, der Diktator
das **Ding**, die Dinge
der **Din|kel**
der **Di|no|sau|rier**, die Dinosaurier
das **Di|plom**, die Diplome
dir
di|rekt ↗61
der **Di|rek|tor**, die Direktorin, die Direktoren
di|ri|gie|ren, sie dirigierte, der Dirigent
die **Dis|ket|te**, die Disketten
die **Dis|ko|thek** (kurz: Disco), die Diskotheken
die **Dis|kus|si|on**, die Diskussionen, diskutieren
das **Dis|play**, die Displays
Dis|tanz, die Distanzen
die **Dis|tel**, die Disteln
die **Dis|zi|plin**
di|vi|die|ren, die Division
doch
der **Docht**, die Dochte
der **Dok|tor**, die Doktorin, die Doktoren

das **Do|ku|ment**, die Dokumente
der **Dolch**, die Dolche
der **Dol|lar**, die Dollars
der **Dol|met|scher**, die Dolmetscherin, die Dolmetscher
Dolores *(die Schmerzensreiche – spanischer Beiname der Jesusmutter Maria)*
der **Dom**, die Dome
Domenica, Domenika, Dominique, Dominic, Dominik, Domenic *(Gott gehörend – Ursprung römisch)*
das **Do|mi|no**, die Dominos
der **Domp|teur**, die Dompteure
die **Do|nau**
der **Dö|ner|ke|bab** (kurz: Döner)
der **Don|ner**, die Donner, donnern
der **Don|ners|tag***, die Donnerstage (↗ Dienstag)
der **Do|nut** (sprich: *donat*), die Donuts
doof
do|pen, das Doping
dop|pelt so viel, das Doppelte
das **Dorf**, die Dörfer
der **Dorn**, die Dornen

Dorothea, Dorotea, Dora, Doris, Dorit, Dorett, Dorothée, Dorle, Doro, Dorte, Dörte, Dortje, Dürte *(Gottesgeschenk – Ursprung griechisch)*

dort

dort|hin

die **Do|se**, die Dosen

dö|sen

der/das **Dot|ter**, die Dotter

der **Dra|che** (Fabeltier), die Drachen

der **Dra|chen***, die Drachen

der **Draht**, die Drähte, drahtig

das **Dra|ma**, die Dramen, dramatisch

dran, da ist nichts dran

drän|geln ↗13, die Drängelei

drän|gen, das Gedränge

drauf und dran

drau|ßen

der **Dreck**, dreckig

dre|hen, die Drehung

drei*, dreimal, dreißig, dreizehn, drei Viertel

das **Drei|eck**, die Dreiecke, dreieckig

Dries

die **Drei|vier|tel|stun|de**, aber: drei Viertel aller Leute

dre|schen, er drischt, drosch

dres|sie|ren, die Dressur

drib|beln

Dries *(niederdeutsch für* ↗ Andreas)

drin, **drin|nen**

drin|gen, sie drang, gedrungen, der Drang

drin|gend

der **drit|te** Teil

> **klein:** zu dritt
> **groß:** jeder Dritte
> die Dritte Welt
> Er wurde Dritter.

ein **Drit|tel**, dritteln

drit|tens

die **Dro|ge**, die Drogen

die **Dro|ge|rie**, die Drogerien

dro|hen, die Drohung

dröh|nen

drol|lig

der/das **Drops**, die Dropse

die **Dros|sel**, die Drosseln

drü|ben, **drü|ber**

dru|cken, der Druck, die Druckerei, die Druckschrift

drü|cken, der Drücker, der Drückeberger

Dunja

drun|ter und drüber
die **Drü|se**, die Drüsen
der **Dschun|gel**, die Dschungel
du
der **Dü|bel**, die Dübel
sich **du|cken**
das **Du|ett**, die Duette
der **Duft**, die Düfte, duften
dul|den, die Duldung
dumm, die Dummheit
dumpf
die **Dü|ne**, die Dünen
der **Dün|ger**, die Dünger
Dunja
(russisch: die Hochgeschätzte – Ursprung griechisch)
dun|kel, die Dunkelheit
dünn
der **Dunst**, die Dünste, dünsten
das **Duo**, die Duos
durch
durch|aus
der **Durch|blick**
durch|dre|hen
durch|ei|nan|der, das Durcheinander
der **Durch|fall**
durch|fal|len, er fiel durch

durch|ge|hend
durch|läs|sig
der **Durch|mes|ser**, die Durchmesser
die **Durch|sa|ge**, die Durchsagen
der **Durch|schnitt**, durchschnittlich
durch|sich|tig
durch|su|chen ↗35
der **Durch|zug**
dür|fen, sie darf, er durfte
dürf|tig
dürr, die Dürre
der **Durst**, durstig
du|schen, die Dusche
die **Dü|se**, die Düsen
der **Du|sel** (unverdientes Glück)
der **Dus|sel** (Dummkopf)
dus|ter, **düs|ter**
das **Dut|zend**, die Dutzende, dutzendweise
du|zen
dy|na|misch
das **Dy|na|mit**
der **Dy|na|mo**, die Dynamos

A B C **D** E F G H I J K L M N O P Q R S T U V W X Y Z

Edgar

E

die **Eb|be**
eben
(1. glatt, 2. gerade eben)
die **Ebe|ne**, die Ebenen
eben|falls
Eberhard *(stark wie ein Eber – alter deutscher Name)*
das **Echo**, die Echos
echt, die Echtheit
Eckart, Eckehard, Eckhart *(alter deutscher Name: Mann mit hartem Schwert)*
die **Ecke**, die Ecken, eckig
edel, der Edelstein
Edgar *(englisch: Glück und Speer)*
Edith *(englisch: Glück und Kampf)*
die **EDV** (**E**lektronische **D**aten-**V**erarbeitung)
das **Efeu**
egal
der **Ego|is|mus**, der Egoist, egoistisch
ehe er kam
die **Ehe**, die Ehen
die **Eh|re**, die Ehren
der **Ehr|geiz**, ehrgeizig
ehr|lich, die Ehrlichkeit
das **Ei***, die Eier

die **Ei|che**, die Eichen
die **Ei|chel**, die Eicheln
das **Eich|hörn|chen**, die Eichhörnchen
der **Eid**, die Eide
die **Ei|dech|se**, die Eidechsen
der **Ei|fer**, eifrig, eifersüchtig
ei|gen, die Eigenschaft
ei|gen|ar|tig
die **Ei|gen|schaft**, die Eigenschaften
ei|gen|sin|nig
ei|gent|lich
das **Ei|gen|tum**
Eike, Eiko *(Darin steckt ekka, ein germanisches Wort für Schwert.)*
ei|len, die Eile, eilig
Eileen (*englisch, irischer Ursprung* ↗ Helene)
der **Ei|mer**, die Eimer
ein, einander
die **Ein|bahn|stra|ße**
der **Ein|bre|cher**, einbrechen, der Einbruch
ein|dö|sen ↗31
der **Ein|druck**, die Eindrücke
ei|ner|seits
ein|fach
ein|fal|len, der Einfall ↗54
der **Ein|fluss**, die Einflüsse

Elena

der **Ein|gang** ↗47, die Eingänge

ei|nig, sich einig sein, sich einigen

ei|ni|ge

ei|ni|ger|ma|ßen

ein|kau|fen, der Einkauf

das **Ein|kom|men**

ein|la|den, die Einladung

ein|mal, auf einmal, noch einmal

eins*

ein|sam, die Einsamkeit

ein|schla|fen ↗31, sie schlief ein

ein|tref|fen ↗20, er traf ein, sie ist eingetroffen

ein|ver|stan|den

der **Ein|wan|de|rer**, die Einwanderer

ein|wand|frei

die **Ein|zahl**

ein|zig, das einzige Kind, einzigartig, der Einzige

das **Eis***, der Eisberg, eisig

das **Ei|sen**

der **Ele|fant***, die Elefanten

ele|gant

die **Elek|tri|zi|tät**, elektrisch, der Elektriker

das **Ele|ment**, die Elemente

Elena, Ellen (↗ Helene)

das **Elend**, sich elend fühlen

Eleonore *(Gott ist mein Licht – Ursprung arabisch)*

elf*

der **Elf|me|ter**, das Elfmeterschießen

Elisabeth, Elsbeth, Else, Elise, Elisa, Lisa, Elli *(biblisch: Gott ist vollkommen)*

der **Ell|bo|gen***

Ellen (↗ Helene, Eleonore)

die **El|tern***

Elvira *(spanisch – die Erhabene)*

die **E-Mail** (sprich: *i-mäil*)

Emanuel, Emanuela *(biblisch: Gott mit uns)*

Wie Frauen nach ihrer Eheschließung heißen

Vor 100 Jahren: Wenn Erna Müller Herrn Meier heiratete, hieß sie von nun an Erna Meier.

Vor 60 Jahren: Erna Müller durfte ihren Namen anhängen und nun Erna Meier-Müller heißen.

Heute: Beide können den Namen des Partners annehmen, ihren behalten oder einen Doppelnamen führen. Und die Kinder?

Emil

Emil, Emilio, Emilia *(eifriger Mensch – Ursprung französisch)*
Emina, Emine (↗ Amina)
Emma, Emmi (↗ Irmgard)
emp|fan|gen, der Empfang
emp|fin|den, er empfand, hat empfunden, empfindlich
das **En|de**, die Enden, das Endspiel
die **Ener|gie**, energisch
der **En|gel**, die Engel
Eng|land, die Engländer, englisch ↗ deutsch
Enno *(Dahinter steckt egin, ein germanisches Wort für Schwert.)*
enorm
ent|de|cken ↗ 36, der Entdecker
die **En|te***, die Enten
ent|fal|len ↗ 21, es entfiel
die **Ent|fer|nung**, entfernt, entfernen
ent|ge|gen
ent|geg|nen ↗ 11, sie entgegnete
ent|hal|ten, es enthielt
ent|schei|den, er entschied, die Entscheidung
ent|schul|di|gen, die Entschuldigung

das **Ent|set|zen**
ent|täu|schen, die Enttäuschung
ent|we|der
ent|wi|ckeln, die Entwicklung
die **Epi|de|mie**
die **Epo|che**
die **Er|de**, die Erdbeere*
die **Erd|kun|de**
das **Erd|öl**
sich **er|eig|nen**, das Ereignis
das **Er|geb|nis**, die Ergebnisse
er|ge|hen ↗ 27, es erging, ist ergangen
er|grei|fen ↗ 24, sie ergriff, hat ergriffen
Erhard, Erhart *(alter deutscher Name: Ehre + hart)*
sich **er|he|ben** ↗ 23, er erhob sich, hat sich erhoben
sich **er|ho|len**, sie erholt sich, die Erholung
Erich, Eric, Erik, Erica, Erika *(mächtiger Mensch – Ursprung skandinavisch)*
(sich) **er|in|nern**, die Erinnerung
die **Er|käl|tung**, erkälten
er|ken|nen, er erkennt, die Erkenntnis
er|klä|ren, sie erklärte, die Erklärung

Emma

er|kran|ken, er erkrankte, die Erkrankung

sich **er|kun|di|gen** ↗10, sie erkundigte sich, die Erkundigung

er|lau|ben, er erlaubte, die Erlaubnis

er|läu|tern, sie erläuterte, die Erläuterung

die **Er|le**, die Erlen

er|le|ben, das Erlebnis

er|le|di|gen, er erledigte, die Erledigung

er|lö|sen, die Erlösung

er|mah|nen, die Ermahnung

er|mä|ßi|gen, die Ermäßigung

er|mit|teln, sie ermittelt, die Ermittlung

Erna, Ernst *(alter deutscher Name: ernster, besonnener Mensch)*

er|näh|ren, die Ernährung

ernst, ernsthaft

ern|ten, er erntete, die Ernte

er|obern, sie eroberte, die Eroberung

er|öff|nen, er eröffnete, die Eröffnung

er|ör|tern, sie erörterte, die Erörterung

die **Ero|tik**, erotisch

er|picht sein auf etwas

er|pres|sen, die Erpressung, der Erpresser

er|re|gen, die Erregung, der Erreger

er|rei|chen ↗20

er|rich|ten, die Errichtung

er|rin|gen, er errang, hat errungen

er|schei|nen, es erschien, die Erscheinung

er|schlie|ßen, die Erschließung

er|schöp|fen, erschöpft, die Erschöpfung

er|schre|cken, sie erschrickt, er erschrak, er ist erschrocken, denn er wurde erschreckt

er|schüt|tern, sie erschütterte, erschüttert

er|set|zen, er ersetzte, der Ersatz, das Ersatzteil

erst, erstklassig

> **klein:** die ersten beiden
> **groß:** als Erster im Ziel
> als Erster kommen
> das Erste, was ich höre
> die Erste Hilfe
> die Erste Vorsitzende

er|stau|nen, das Erstaunen

Eva

ers|tens
er|sti|cken, sie erstickte
er|tap|pen, er ertappte
er|trin|ken, sie ertrank, er ist ertrunken
er|wach|sen, der Erwachsene ↗40
er|war|ten, die Erwartung
er|wer|ben, sie erwarb, er hat erworben
er|wi|dern ↗11, sie erwiderte, die Erwiderung
Erwin *(alter deutscher Name: Heer + Freund)*
das **Erz**, die Erze
er|zäh|len ↗7, die Erzählung
er|zeu|gen, das Erzeugnis
er|zie|hen, sie erzog, die Erziehung
die **Esche**, die Eschen
der **Esel**, die Esel
es|sen ↗33, er isst; Iss!, sie aß, das Essen ↗45
der **Es|sig**
Esther *(Stern – biblisch, Ursprung persisch)*
die **Eta|ge**, die Etagen
das **Eti|kett**, die Etiketten
et|li|che
das **Etu|i**, die Etuis
et|wa
et|was, etwas Gutes
Eugen *(der Wohlgeborene – Ursprung griechisch)*
Eugenia, Eugenie (↗ Eugen)
die **Eu|le**, die Eulen
der **Eu|ro**, die Euros, 3 €
das **Eu|ro|pa**, europäisch
Eva, Eve, Evi, Evelyn *(das Leben – in der Bibel erste Frau auf Erden)*
evan|ge|lisch, das Evangelium
Ewald *(alter deutscher Name: Gesetz + herrschen)*
ewig
ex|akt
das **Exem|plar**, die Exemplare
exis|tie|ren, es existierte, die Existenz
die **Ex|pe|di|ti|on**, die Expeditionen
das **Ex|pe|ri|ment**, die Experimente
ex|plo|die|ren, die Explosion
ex|por|tie|ren, der Export
ex|tra
ex|trem

F

Falk

die **Fa|bel**, die Fabeln, fabelhaft

Fabian, Fabio, Fabienne *(aus der römischen Familie der Fabier)*

die **Fa|brik**, die Fabriken, fabrizieren, der Fabrikant

das **Fach**, die Fächer

die **Fa|ckel**, die Fackeln

fa|de, fad

der **Fa|den**, die Fäden

fä|hig, die Fähigkeit

die **Fahn|dung**, fahnden ↗35

die **Fah|ne**, die Fahnen

die **Fahr|bahn**, die Fahrbahnen

fah|ren, sie fährt, er fuhr, hineinfahren ↗28

fahr|läs|sig

das **Fahr|rad***, die Fahrräder

die **Fahrt**, die Fahrten

die **Fähr|te**, die Fährten

das **Fahr|zeug**, die Fahrzeuge

fair, die Fairness

Falko, Falk *(Falke – alter deutscher Name)*

der **Fall**, die Fälle

> **groß und getrennt:**
> auf jeden Fall
> für den Fall, dass ...
> **klein und zusammen:**
> anderenfalls, bestenfalls, jedenfalls, keinesfalls, notfalls

die **Fal|le**, die Fallen

fal|len, sie fiel, der Fall

fäl|lig

falls

falsch

fäl|schen, er fälschte, die Fälschung

die **Fal|te**, die Falten

fal|ten, er faltete

der **Fal|ter**, die Falter

die **Fa|mi|lie***, die Familien

fan|gen, sie fing, der Fang, der Fänger

Fanni (↗ Stefanie)

die **Fan|ta|sie**, die Fantasien, fantastisch

die **Far|be***, die Farben, farbig

Fairness

Wer im Spiel gegen die Regeln der Fairness verstößt, spielt **foul** *(faul)*. Das englische Wort bedeutet *schmutzig, hässlich.* Es ist verwandt mit unserem Wort **faul**. (Das ist leicht zu merken: Wer absichtlich **foul** spielt, mit dem ist etwas **faul**.)

Felizitas

A B C D E F G H I J K L M N O P Q R S T U V W X Y Z

der **Farn**, die Farne
der **Fa|san**, die Fasane
die **Fa|ser**, die Fasern
das **Fass**, die Fässer
die **Fas|sa|de**, die Fassaden
fas|sen, sie fasste
sie **fasst** (↗fassen), aber: ↗fast
die **Fas|sung**, die Fassungen
fast (beinahe),
aber: ↗ sie fasst
fas|ten, er fastete
fau|chen, sie fauchte
faul, verfaulen
faul, faulenzen,
die Faulheit, der Faulpelz
die **Faust** ↗44, die Fäuste
der **Fa|vo|rit**, die Favoriten
die **Fa|xen** (Grimassen)
das **Fax|ge|rät** (kurz: Fax), faxen
der **Fe|bru|ar***
die **Fe|der**, die Federn
fe|gen, er fegte
feh|len, es fehlte
der **Feh|ler**, die Fehler, fehlerfrei
fei|ern, sie feierte, feierlich,
die Feier*, der Feierabend
fei|ge, der Feigling,
die Feigheit
die **Fei|ge**, die Feigen
fein
der **Feind**, die Feinde,
die Feindschaft, feindlich
das **Feld**, die Felder
die **Fel|ge**, die Felgen
Felix, Felizitas, Felizia,
Felice *(glücklicher Mensch – Ursprung römisch)*
das **Fell**, die Felle
der **Fels** oder: der Felsen,
die Felsen, felsig
das **Fens|ter***, die Fenster
Ferdinand, Ferdi, Ferdl
(kühner Schützer – spanisch)
die **Fe|ri|en***

Fettnapf
Man sagt: In Bauernhäusern des Erzgebirges stand früher an der Tür ein Napf mit Fett. Kam einer von der Arbeit ins Haus, zog er sofort die Schuhe aus. Bei schlechtem Wetter schmierte er sie anschließend mit Fett ein, um sie wieder wasserabweisend zu machen. Wer beim Betreten des Hauses nicht aufpasste und in das Näpfchen trat, verdarb es sich mit der Hausfrau. Denn die musste nun putzen. Deshalb sagt man heute, wenn ein Mensch durch ungeschickte Äußerungen unangenehm aufgefallen ist: „Er ist ins Fettnäpfchen getreten."

Ferdi

das **Fer|kel**, die Ferkel
fern, die Ferne
fern|se|hen, er sieht fern, das Fernsehen, der Fernseher*
fer|tig
die **Fes|sel**, die Fesseln, fesseln
das **Fest**, die Feste, festlich
fest
fest|stel|len ↗36, die Feststellung
das **Fett**, die Fette
fett ↗60, etwas ist fett
feucht, die Feuchtigkeit
das **Feu|er**, feuern ↗32, feurig, die Feuerwehr
die **Fi|bel**, die Fibeln
die **Fich|te**, die Fichten
das **Fie|ber**, fiebern, fiebrig, das Fieberthermometer
er **fiel** (↗fallen)
die **Fi|gur**, die Figuren
der **Film**, die Filme, filmen
der **Fil|ter**, die Filter, filtern
der **Filz**, die Filze, der Filzpantoffel, der Filzstift*
die **Fi|nan|zen**, das Finanzamt, der Finanzminister
fin|den ↗36, sie fand, hat gefunden, der Fund
der **Fin|ger***, die Finger

der **Fink**, die Finken
Finn, Fynn *(ein Finne oder: irischer Sagenheld)*
Finn|land, die Finnen, finnisch
fins|ter, die Finsternis
die **Fir|ma**, die Firmen
die **Fir|mung**, firmen
der **Fisch***, die Fische, fischen ↗24, der Fischer
fit, die Fitness
fix
flach, die Fläche, das Flachland
fla|ckern, es flackerte
die **Flag|ge**, die Flaggen
die **Flam|me**, die Flammen, flammen, entflammt
die **Fla|sche***, die Flaschen
flat|tern ↗19, er flatterte
flau
der **Flaum**, die Flaumfeder
flech|ten, er flicht, hat geflochten, die Flechte
der **Fleck**, die Flecken, fleckig
die **Fle|der|maus**, die Fledermäuse
der **Fle|gel**, die Flegel
fle|hen, sie flehte
das **Fleisch**, fleischig, der Fleischer
der **Fleiß**, fleißig

A B C D E **F** G H I J K L M N O P Q R S T U V W X Y Z

Flora

flen|nen, sie flennte
flet|schen, er fletschte
fli|cken, sie flickte
der **Flie|der**
die **Flie|ge**, die Fliegen
flie|gen ↗19, er flog, der Flug
flie|hen, er floh, die Flucht
die **Flie|se**, die Fliesen
flie|ßen, es floss
flim|mern, es flimmerte, das Flimmern
flink
die **Flin|te**, die Flinten
flit|zen ↗16, sie flitzte, der Flitzer
die **Flo|cke**, die Flocken, flockig
der **Floh**, die Flöhe
Flora, Florence *(Blume – Ursprung römisch)*
Florian, Florentine *(prächtiger Mensch – Ursprung römisch)*
das **Floß**, die Flöße
die **Flos|se**, die Flossen
flö|ten, die Flöte
flott
flu|chen ↗8, er fluchte, der Fluch
die **Flucht**, flüchten ↗17, der Flüchtling
flüch|tig, die Flüchtigkeit, der Flüchtigkeitsfehler
der **Flug**, die Flüge
der **Flü|gel**, die Flügel, flügge
das **Flug|zeug***, die Flugzeuge
flun|kern, sie flunkerte
der **Flur** (Hausflur), die Flure
die **Flur** (Feldflur), die Fluren
der **Fluss**, die Flüsse
flüs|sig, die Flüssigkeit
flüs|tern ↗7, er flüsterte
die **Flut**, die Fluten
das **Foh|len**, die Fohlen
der **Föhn**, föhnen
fol|gen, sie folgte, die Folge
die **Fo|lie**, die Folien
fol|tern, er folterte
for|dern, sie forderte, die Forderung
för|dern, sie förderte, die Förderung
die **Fo|rel|le**, die Forellen
die **Form**, die Formen, formen
das **For|mu|lar**, die Formulare
for|schen ↗10, er forschte, die Forschung
der **Forst**, die Forsten, der Förster
fort
fort|fah|ren

Frank

der **Fort|schritt**, die Fortschritte, fortschrittlich

fort|set|zen, sie setzte fort, die Fortsetzung

das **Fo|to**, die Fotos, fotografieren

das **Foul**, die Fouls

die **Fracht**, die Frachten, der Frachter

fra|gen ↗10, er fragte, die Frage*

frag|lich, fragwürdig

die **Frak|ti|on**, die Fraktionen

Frank, Franc, Franka *(aus dem Volk der Franken – alter deutscher Name)*

das **Fran|ken|land**

Frank|reich, die Franzosen, französisch ↗ deutsch

Franz, Franziska, Franzi *(Mensch, der gut Französisch spricht – Name eines berühmten Heiligen)*

Männer	**Frauen**
I: Francesco *(frantschesko …)*	**Francesca**
GB: Francis *(fränßis)*	**Frances** *(fränßes)*
F: François *(fr~~an~~ßoa)*	**Françoise** *(fr~~an~~ßoas)*
DK, NL: Frans	
PL: Franciszek (sprich: *frantschischek*)	

die **Frat|ze**, die Fratzen

die **Frau*** ↗39, die Frauen

Frauke *(niederdeutsch: kleine Frau)*

frech, die Frechheit, der Frechdachs

Fred (↗ Alfred, Manfred)

Freddy *(englische Kurzform von* ↗ Alfred *und* ↗ Friedrich)

frei, die Freiheit

klein: freie Fahrt
freier Tag
groß: ins Freie gehen
Spiele im Freien

Frau, Mademoiselle und Jungfer

Früher nannte man vornehme junge Frauen, die noch nicht verheiratet waren, „Fräulein". Zu anderen Mädchen sagte man „Jungfer", französisch „Mademoiselle" (sprich: *madmoasell*) und „Mamsell". Als die Urgroßmütter heutiger Kinder Mädchen waren, waren sie stolz, wenn sie zum ersten Mal mit „Fräulein" angeredet wurden. Mit „Frau" sprach man nur verheiratete Frauen an. Später änderte sich das.

Fritzi

frei|lich
der **Frei|tag***, die Freitage
(Suchst du etwas? ↗ Dienstag)
frei|wil|lig
die **Frei|zeit**
fremd, die Fremden, die Fremde
fres|sen ↗ 34, du frisst, sie fraß
sich **freu|en** ↗ 4, sie freute sich, die Freude, freudig
der **Freund***, die Freundin, die Freunde, die Freundinnen
freund|lich
die **Freund|schaft**, freundschaftlich
der **Frie|den** oder: der Friede, friedlich
frie|ren, sie fror
die **Fri|ka|del|le**, die Frikadellen
frisch, die Frische
fri|sie|ren, er frisierte
der **Fri|sör/Fri|seur**, die Frisöre
die **Fri|sö|rin/Fri|seu|rin**, die Frisörinnen
sie **frisst** (↗ fressen)
die **Frist**, die Fristen, fristlos
die **Fri|sur** ↗ 43, die Frisuren
froh
fröh|lich, die Fröhlichkeit
fromm, die Frömmigkeit
Fron|leich|nam
die **Front**, die Fronten
fron|tal
der **Frosch**, die Frösche
der **Frost**, die Fröste, frostig

Europäische Friede-Namen
In den Namen auf dieser Seite steckt das germanische Wort für Friede. Die Namen bedeuten z. B.: friedlicher Mensch, Friedensherrscher, großer Friedensheld, Friedenskämpfer, Beschützer vor Krieg.

Männernamen:
Friedrich, Fritz, Fried, Friedo, Frederik, Fredrik, Fredrick, Frerk, Frerich, Friedel, Fridolin, Friedbert, Friedemann, Friedemar, Frieder, Friedhelm, Freddy I: Federico E: Federigo F: Frédéric GB: Frederic

Frauennamen:
Friedeburg, Friederike, Frederike, Friedlieb, Friedrun, Fricka, Friedegund, Fredegund, Frieda, Frida, Friedrun, Friedel, Friedelind, Fritzi

A B C D E F G H I J K L M N O P Q R S T U V W X Y Z

Fridolin

frös|teln, sie fröstelte
das **Frot|tee|hand|tuch**
frot|tie|ren, er frottierte
frot|zeln, sie frotzelte
die **Frucht**, die Früchte*
frucht|bar
früh, früher, frühestens
der **Früh|ling***, das Frühjahr
das **Früh|stück***, frühstücken
frus|triert, der Frust
der **Fuchs***, die Füchse
der **Fuchs|schwanz**
das **Fu|der**, die Fuder
die **Fu|ge**, die Fugen
sich **fü|gen**, er fügte sich
füh|len, er fühlte, der Fühler
füh|ren, sie führte
der **Füh|rer**, die Führerin, die Führer
der **Füh|rer|schein**
die **Füh|rung**, die Führungen
das **Fuhr|werk**, die Fuhrwerke
fül|len, sie füllte, die Füllung
der **Fül|ler***, die Füller
fum|meln, er fummelte
der **Fund**, die Funde
das **Fun|da|ment**, die Fundamente
fünf* (Suchst du etwas? ↗ acht, dritte)
fünf|mal
ein **Fünf|tel**
fünf|zehn, **fünf|zig**
der **Funk**, funken, der Funker
der **Fun|ke**, die Funken
fun|keln, es funkelte
funk|ti|o|nie|ren, es funktionierte
für
die **Fur|che**, die Furchen
furcht|bar
fürch|ten, sie fürchtete, die Furcht
fürch|ter|lich
für|ei|nan|der
das **Fur|nier**, die Furniere, furniert
der **Fürst**, die Fürsten, fürstlich
die **Furt**, die Furten
der/das **Fu|run|kel**, die Furunkel
der **Fuß***, die Füße, zu Fuß, der Fußgänger
der **Fuß|ball***, die Fußbälle
futsch
das **Fut|ter**, füttern, die Fütterung
fut|tern ↗ 33, er futterte
Fynn (↗ Finn)

A B C D E F **G** H I J K L M N O P Q R S T U V W X Y Z

G

Gabriel

die **Ga|be**, die Gaben
die **Ga|bel***, die Gabeln
Gabriel, Gabriele, Gabriela, Gabi, Gaby
(Mensch Gottes – biblisch)
ga|ckern, es gackerte
gaf|fen, er gaffte
gäh|nen, sie gähnte
die **Gal|le**
der **Ga|lopp**, galoppieren
der **Gang**, die Gänge
die **Gans***, die Gänse
ganz, gänzlich

> **groß:** das Ganze, als Ganzes
> im großen Ganzen
> im Großen und Ganzen
> Es geht ums Ganze.

gar gekocht
die **Ga|ra|ge**, die Garagen
die **Ga|ran|tie**, die Garantien
ga|ran|tie|ren, sie garantierte
die **Gar|de|ro|be**, die Garderoben
die **Gar|di|ne**, die Gardinen
gä|ren, es gärte, gegoren, die Gärung
gar kein
das **Garn**, die Garne
gar nicht
gar|nie|ren, er garnierte, die Garnierung
die **Gar|ni|son**, die Garnisonen
die **Gar|ni|tur**, die Garnituren
gars|tig
der **Gar|ten***, die Gärten
der **Gärt|ner**, die Gärtnerin, die Gärtner, die Gärtnerei
das **Gas**, die Gase
die **Gas|se** ↗50, die Gassen
der **Gast**, die Gäste
das **Gast|haus**, die Gasthäuser, die Gaststätte
gast|lich
der **Gat|te**, die Gatten
das **Gat|ter**, die Gatter
die **Gat|tin**, die Gattinnen
der **Gauk|ler**, die Gaukler
der **Gaul**, die Gäule
der **Gau|men**, die Gaumen
der **Gau|ner**, die Gauner
das **Ge|bäck**
die **Ge|bär|de**, die Gebärden
ge|bä|ren, sie gebar, hat geboren
das **Ge|bäu|de** ↗46, die Gebäude
ge|ben, er gibt, sie gab; gib her!
das **Ge|bet**, die Gebete
Gebhard(t) *(alter deutscher Name: Gabe + hart)*

Gabi

das **Ge|biet**, die Gebiete
ge|bie|ten, sie gebot, der Gebieter
ge|bil|det sein
das **Ge|bir|ge**, die Gebirge, gebirgig
das **Ge|biss**, die Gebisse
ge|bo|ren
das **Ge|bot**, die Gebote
ge|brau|chen, der Gebrauch, die Gebrauchsanweisung
das **Ge|bre|chen**, die Gebrechen
das **Ge|brüll**
die **Ge|bühr**, die Gebühren
die **Ge|burt**, die Geburten, der Geburtstag*
das **Ge|büsch**, die Gebüsche
das **Ge|dächt|nis**
der **Ge|dan|ke** ↗54, die Gedanken
ge|dei|hen, es gedieh
ge|den|ken, er gedachte, das Gedenken
das **Ge|dicht**, die Gedichte
das **Ge|drän|ge** ↗41
die **Ge|duld**, geduldig
ge|eig|net
die **Ge|fahr**, die Gefahren, gefährlich
das **Ge|fäl|le**, die Gefälle
ge|fal|len*, es gefiel ihr
die **Ge|fäl|lig|keit**, die Gefälligkeiten
lass **ge|fäl|ligst** den Unsinn!
das **Ge|fäng|nis**, die Gefängnisse
das **Ge|fäß**, die Gefäße
das **Ge|fie|der**
das **Ge|flü|gel**
ge|frä|ßig
das **Ge|fühl**, die Gefühle
ge|gen, gegeneinander
die **Ge|gend**, die Gegenden

Zum Geburtstag
I: Buon compleanno!; **GB: Happy birthday!** *(häppi börðdäi)*; **F: Joyeux anniversaire!** *(~~sch~~oajöh anniwerßähr)*; **DK: Tillykke med fødselsdagen!** *(tillügge með föðelsdäin)*; **NL: Hartelijk gefeliciteerd!** *(hartelik chefeliziteert)*; **GR: χρόνια πολλά!** (sprich: *chrónia polá*); **PL: Serdeczne zyczenia!** *(ßerdetschne ~~sch~~itschénia)*; **E: ¡Cumpleaños feliz!** *(kumpleanjos felið)*; **SKr: Sretan rođendan!** *(sretan rodschendan)*; **TR: Doğum gününüz kutlu olsun!** *(dooum gününüs kutlu olßun)*; **CZ: K narozeninám!** *(knarosenjinam)*

A B C D E F **G** H I J K L M N O P Q R S T U V W X Y Z

Geli

der **Ge|gen|satz***, die Gegensätze
ge|gen|sei|tig
der **Ge|gen|stand**, die Gegenstände
das **Ge|gen|teil**
ge|gen|über
die **Ge|gen|wart**
der **Geg|ner**, die Gegner
das **Ge|halt**, die Gehälter (verdientes Geld)
der **Ge|halt** (Inhalt, Wert)
ge|häs|sig, die Gehässigkeit
das **Ge|häu|se**, die Gehäuse
ge|heim
das **Ge|heim|nis**, die Geheimnisse
ge|hen* ↗13, sie ging, ist gegangen
ge|heu|er, nicht geheuer
der **Ge|hil|fe**, die Gehilfen
das **Ge|hirn**, die Gehirne, die Gehirnerschütterung
das **Ge|hölz**
das **Ge|hör**
ge|hor|chen, er gehorchte
ge|hö|ren
ge|hö|rig
der **Ge|hor|sam**, gehorsam sein
die **Gei|ge**, die Geigen
geil
die **Gei|sel**, die Geiseln
der **Geist**, die Geister, geistig
der **Geist|li|che**, die Geistlichen, geistlich
gei|zig, der Geiz
ge|lähmt
das **Ge|län|de**
das **Ge|län|der**, die Geländer
ge|lan|gen ↗20
gelb*
(Suchst du etwas? ↗blau)
das **Geld***, die Gelder
der/das **Ge|lee**, die Gelees
die **Ge|le|gen|heit**, die Gelegenheiten
ge|le|gent|lich
ge|lehrt, der Gelehrte, gelehrig
das **Ge|lenk**, die Gelenke, gelenkig
Geli (kurz für ↗Angelika)
ge|lin|gen, es gelang, ist gelungen
gel|ten, es gilt, galt, hat gegolten
ge|mäch|lich
der **Ge|mahl**, die Gemahlin
das **Ge|mäl|de**, die Gemälde
ge|mäß
ge|mein, die Gemeinheit
die **Ge|mein|de**, die Gemeinden

Gerold

gemeinsam
die **Gemeinschaft**, die Gemeinschaften
das **Gemüse***
das **Gemüt**, die Gemüter
gemütlich
genau ↗61, die Genauigkeit
genauso
genehmigen, sie genehmigte, die Genehmigung
der **General**, die Generäle
die **Generation**, die Generationen
genial
das **Genick**
genießen, er genoss
der **Genitiv** (2. Fall)
der **Genosse**, die Genossen
genug
genügen, es genügte
der **Genuss**, die Genüsse
die **Geografie/Geographie**
die **Geometrie**
Georg, George, Georgia, Giorgia *(Bauer – Ursprung griechisch)*
das **Gepäck**
gerade
geradeaus*, geradezu
Gerald *(alter deutscher Name: Speer + herrschen)*

das **Gerät**, die Geräte
geraten, es geriet
geräumig
das **Geräusch**, die Geräusche
Gerda *(die Schützerin – Ursprung isländisch)*
gerecht, die Gerechtigkeit
Gerhard, Gerd, Gert, Gerard, Gerrit *(alte deutsche Namen: Speer + hart)*
Gerhild *(alter deutscher Name: Speer + Kampf)*
das **Gericht**, die Gerichte
gering, am geringsten
gerinnen, es gerann, ist geronnen
das **Gerippe**, die Gerippe
gerissen
Gerlind, Gerlinde *(alter deutscher Name: Speer + Schild)*
der **Germane**, die Germanen, Germanien, germanisch
gern
Gernot *(alter deutscher Name: Speer + Gefahr)*
Gerold (↗ Gerald)
das **Geröll**
die **Gerste**
Gertraud, Gertrud, Gerta, Gesina, Gesine, Gesa *(alte deutsche Namen: Speer + Kraft)*

Gisbert

der **Ge|ruch**, die Gerüche
das **Ge|rücht**, die Gerüchte
das **Ge|rüm|pel**
das **Ge|rüst**, die Gerüste
ge|samt
der **Ge|sang**, die Gesänge
das **Ge|schäft**, die Geschäfte, geschäftlich
ge|sche|hen ↗27, es geschieht, es geschah
ge|scheit
das **Ge|schenk***, die Geschenke
die **Ge|schich|te**, die Geschichten
ge|schickt, das Geschick, die Geschicklichkeit
das **Ge|schirr**
das **Ge|schlecht**, die Geschlechter
der **Ge|schmack**, geschmacklos
das **Ge|schöpf**, die Geschöpfe
das **Ge|schoss**, die Geschosse
das **Ge|schrei**
das **Ge|schütz**, die Geschütze
das **Ge|schwätz**, geschwätzig
ge|schwind, die Geschwindigkeit
die **Ge|schwis|ter**
das **Ge|schwür**, die Geschwüre
der **Ge|sel|le**, die Gesellen
ge|sel|lig, die Geselligkeit
die **Ge|sell|schaft**, die Gesellschaften
das **Ge|setz**, die Gesetze, gesetzlich
das **Ge|sicht***, die Gesichter
das **Ge|spenst**, die Gespenster
das **Ge|spräch**, die Gespräche, gesprächig
die **Ge|stalt**, die Gestalten
ge|stal|ten, sie gestaltete, die Gestaltung
das **Ge|ständ|nis**, die Geständnisse
der **Ge|stank**
ge|stat|ten, sie gestattete
ge|ste|hen, er gestand
das **Ge|stell**, die Gestelle
ges|tern
das **Ge|strüpp**
ge|sund, die Gesundheit
das **Ge|tränk**, die Getränke
das **Ge|trei|de**
das **Ge|wächs**, die Gewächse
ge|wäh|ren, sie gewährte
die **Ge|walt**, die Gewalten, gewaltig
das **Ge|wand**, die Gewänder
ge|wandt sein
das **Ge|wäs|ser**, die Gewässer
das **Ge|we|be**, die Gewebe
das **Ge|wehr**, die Gewehre

Gitta

das **Ge|weih**, die Geweihe
das **Ge|wer|be**, die Gewerbe
die **Ge|werk|schaft**, die Gewerkschaften
ge|we|sen (Grundform ↗ sein)
das **Ge|wicht**, die Gewichte
das **Ge|wim|mel** ↗ 41
das **Ge|win|de**, die Gewinde
ge|win|nen, sie gewann, hat gewonnen, der Gewinner
das **Ge|wirr**
ge|wiss, die Gewissheit
das **Ge|wis|sen**, die Gewissen, gewissenhaft, gewissenlos
ge|wis|ser|ma|ßen
das **Ge|wit|ter**, gewittrig
(sich) **ge|wöh|nen**, er gewöhnte, die Gewöhnung, die Gewohnheit
ge|wöhn|lich
ge|wohnt, **ge|wöhnt**
das **Ge|wöl|be**, die Gewölbe, gewölbt

das **Ge|würz**, die Gewürze
die **Ge|zei|ten** (Ebbe und Flut)
der **Gie|bel**, die Giebel
die **Gier**, gierig
gie|ßen, sie goss, der Guss
das **Gift**, die Gifte, giftig
Gina (↗ Regina)
der **Gins|ter**
der **Gip|fel**, die Gipfel
der **Gips**, gipsen
die **Gi|raf|fe**, die Giraffen
die **Gir|lan|de**, die Girlanden
Gisbert *(alter deutscher Name: glänzender Mann)*
Gisela, Gisa *(alter deutscher Name: edle junge Frau)*
die **Gi|tar|re***, die Gitarren
Gitta, Gitte (↗ Brigitte)
das **Git|ter**, die Gitter
Giulio, Giulia, Giuliano (↗ Julius)
glän|zen, es glänzte, der Glanz
das **Glas***, die Gläser, gläsern, der Glaser
glatt, die Glätte

Etwas Blankes und Glattes
Etwas Blankes, Glattes, das glänzt und strahlt, hieß früher **glat**. Wenn ein Mensch strahlt, ist er fröhlich. Engländer sagen noch heute für *fröhlich* **glad** *(gläd)*. Auch wir haben noch ein altes Wort für Blankes und strahlend Glattes: **Glatze**.

Gracia

die **Glat|ze**,
die Glatzen
glau|ben ↗1,
er glaubte, der Glaube,
gläubig
gleich, gleich groß

> **groß:**
> Es ist das Gleiche.
> Es kommt aufs Gleiche hinaus.
> Gleiches mit Gleichem
> vergelten
> **zusammen:**
> gleichaltrig, gleichberechtigt,
> das Gleichgewicht,
> der Gleichschritt, gleichgültig,
> gleichmäßig, gleichzeitig

das **Gleis**, die Gleise
glei|ten, sie glitt
der **Glet|scher**, die Gletscher
das **Glied**, die Glieder,
gliedern, die Gliederung,
glim|men, es glomm
glimpf|lich
glit|schig
glit|zern, es glitzerte
der **Glo|bus**, die Globen
oder: die Globusse
die **Glo|cke***, die Glocken
Gloria *(Ruhm, Ehre – Ursprung römisch)*
glot|zen ↗2, er glotzte,
die Glotze

das **Glück**, glücken, glücklich*,
der Glückwunsch
die **Glu|cke**, die Glucken
glu|ckern, es gluckerte
glü|hen, es glühte,
die Glut, die Gluthitze
die **Gna|de**, gnädig
das **Gold**, golden, goldig
Golo (↗ Gottfried)
der **Gong**, die Gongs
gön|nen, sie gönnte
der **Go|ril|la**, die Gorillas
der **Gott**, die Göttin,
die Götter, göttlich
Gottfried *(alter deutscher Name: Gott + Friede)*
Gotthard *(alter deutscher Name: Gott + hart)*
Gotthelf, Gotthilf, Gotthold, Gottlieb, Gottlob *(fromme Namen aus dem 17. Jahrhundert)*
das **Grab**, die Gräber
gra|ben, er grub
der **Gra|ben**, die Gräben
Grace, Gracia, Grazia *(Anmut – Ursprung römisch)*
der **Grad**, die Grade,
30 Grad (30°),
aber: der ↗ Grat
das **Gramm**, fünf Gramm (5 g)
die **Gram|ma|tik**

A B C D E F **G** H I J K L M N O P Q R S T U V W X Y Z

Gregor

die **Gra|na|te**, die Granaten
der **Gra|nit**
das **Gras***, die Gräser, grasen
gräss|lich
der **Grat** (Bergkamm), der Berggrat, aber: der ↗ Grad
die **Grä|te**, die Gräten
gra|tu|lie|ren, sie gratulierte, die Gratulation
grau*, gräulich
(Suchst du etwas? ↗ blau)
die **Gräu|el**, gräulich
grau|en, es graute, das Grauen, grauenhaft
die **Grau|pel**, die Graupeln, es graupelt
grau|sam, die Grausamkeit
grau|sig
Gregor *(der Wachsame – Ursprung griechisch)*
grei|fen ↗24, sie griff, der Griff
der **Greis**, die Greisin, die Greise
grell
die **Gren|ze**, die Grenzen
Greta, Gretchen, Grete, Gretje, Gretel (↗ Margarete)
Grie|chen|land, die Griechen, griechisch
der **Grieß**, der Grießbrei
der **Griff**, die Griffe
der **Grill**, die Grills, grillen
die **Gril|le**, die Grillen
die **Gri|mas|se**, die Grimassen
grim|mig
grin|sen ↗5, er grinste
die **Grip|pe**
Grit, Grita (↗ Margarete)
grob, der Grobian
grö|len ↗9, er grölte
der **Groll**, grollen
groß* ↗57, die Größe

groß: etwas Großes
im großen Ganzen
im Großen und Ganzen
für Groß und Klein
die Großen gegen die Kleinen
Karl der Große

groß|ar|tig
Groß|bri|tan|ni|en
die **Groß|el|tern***
die **Grot|te**, die Grotten
die **Gru|be**, die Gruben
grü|beln, sie grübelte
grün*, grünen

klein:
der grüne Punkt
die grüne Ampelwelle
groß: das frische Grün
dasselbe in Grün
Die Grünen (politische Partei)
Die Ampel zeigt Grün.
(Suchst du etwas? ↗ blau)

A B C D E F G H I J K L M N O P Q R S T U V W X Y Z

Gundula

der **Grund**, die Gründe

gründ|lich

der **Grün|don|ners|tag**

der **Grund|riss**

der **Grund|satz**, die Grundsätze, grundsätzlich

die **Grund|schu|le**, die Grundschulen

das **Grund|stück**, die Grundstücke

grun|zen, es grunzte

die **Grup|pe**, die Gruppen

sich **gru|seln**, er gruselte sich, grus(e)lig

grü|ßen, er grüßte, der Gruß

gu|cken ↗2, sie guckte

Gudrun *(alter deutscher Name: Kampf + Geheimnis)*

Guido *(Kind des Waldes – deutsch-französische Form)*

das/der **Gu|lasch**

die **Gül|le**

der **Gul|ly**, die Gullys

gül|tig, die Gültigkeit

das/der **Gum|mi**, die Gummis, der Gummitwist

Gunda, Gundel, Gundela, Gunthild, Gunhilde, Gundula, Gunhild *(alter deutscher Name: darin steckt gund, ein germanisches Wort für Kampf)*

Gunnar *(nordische Form von* ↗ Günter)

güns|tig, die Gunst

Günter, Gunter (↗ Gunda)

die **Gur|gel**, die Gurgeln

gur|geln, sie gurgelte

die **Gur|ke***, die Gurken

der **Gurt**, die Gurte

der **Gür|tel**, die Gürtel

der **Guss**, die Güsse

Gustav, Gus, Gustel *(Stütze der Goten – schwedisch)*

gut* ↗59

> **groß:** Ich sage es dir im Guten. Das hat auch sein Gutes. Alles Gute!
> **klein:** jenseits von Gut und Böse
> **getrennt:** Lass es dir gut gehen!
> **freie Wahl:** gut gelaunt/gutgelaunt

das **Gut**, die Güter

die **Gü|te**, gütig

Gwendolyn *(die Hellblonde – Ursprung keltisch)*

das **Gym|na|si|um**, die Gymnasien

die **Gym|nas|tik**

Hakon

H

das **Haar*** ↗43,
die Haare, das Härchen,
haarig, haarscharf
die **Ha|be**, Hab und Gut
ha|ben, sie hat, er hatte
der **Ha|bicht**, die Habichte
die **Ha|cke**, die Hacken
der **Ha|fen**, die Häfen
der **Ha|fer**
die **Haft**, haften, der Häftling
die **Ha|ge|but|te**,
die Hagebutten
der **Ha|gel**, hageln
ha|ger
der **Hahn**, die Hähne
der **Hai**, die Haie
Haike, Haiko (↗ Heike)
Hakan, Hakon
(darin: nordgermanische Wörter für Ross und Sohn)
hä|keln, sie häkelte
der **Ha|ken**, die Haken
halb, halbieren,
die Halbzeit
die **Hal|de**, die Halden
die **Hälf|te**, die Hälften
die **Hal|le**, die Hallen
hal|le|lu|ja!
hal|len, es hallt
die **Hal|lig**, die Halligen

hal|lo
der **Halm**, die Halme
das **Hal|ma**
das **Ha|lo|gen|licht**
der **Hals***, die Hälse
Halt machen, haltmachen
halt|bar, die Haltbarkeit
hal|ten, er hielt,
die Haltung, die Haltestelle
der **Ha|lun|ke**, die Halunken
Ham|burg
der **Ham|mel**, die Hammel,
oder: die Hämmel
der **Ham|mer**, die Hämmer,
hämmern
ham|peln, er hampelte,
der Hampelmann
der **Hams|ter***, die Hamster,
hamstern
die **Hand*** ↗44, die Hände,
die Handschrift
han|deln, sie handelte,
der Handel, die Handlung,
der Händler
die **Hand|schel|len**
der **Hand|schuh**,
die Handschuhe*
das **Hand|tuch**, die Handtücher
das **Hand|werk**,
der Handwerker
das **Han|dy** (sprich: *händi*)
der **Hanf**

A B C D E F G **H** I J K L M N O P Q R S T U V W X Y Z

Hannah

der **Hang**,
die Hänge, die Hängematte ↗49

hän|gen, sie hängte, es hing, hat gehangen

Hanke (↗ Johannes)

Hanna, Hanne (↗ Johanna)

Hannah *(in der Bibel: Anmut)*

Hannedore (↗ Johanna, Dorothea)

Hannelore (↗ Johanna, Eleonore)

Hannes, Hanns, Hanno, Hans, Hansi (↗ Johannes)

Hansdieter, Hansgeorg, Hansjoachim, Hansjürgen, Hanswalter usw.
(↗ Johannes + 2. Namensteil)

hän|seln, er hänselte

der **Hap|pen**, die Happen

Harald *(alter deutscher Name: Heer + herrschen)*

die **Har|ke**, die Harken

harm|los

die **Har|mo|ni|ka**,
die Harmonikas

die **Har|pu|ne**, die Harpunen

Harri, Harry *(aus dem Englischen* ↗ Henry)

hart, härter, die Härte

Hartmut *(harter, starker Sinn – alter deutscher Name)*

hart|nä|ckig

Hartwig *(alter deutscher Name: hart + Kampf)*

der **Harz** (Gebirge)

das **Harz** (am Baum), harzig

ha|schen, sie haschte

der **Ha|se***, die Hasen

die **Ha|sel|nuss**, die Haselnüsse

has|sen, du hasst, der Hass

häss|lich

Hasso *(Hesse – alter deutscher Name)*

du **hast** (↗ haben)

die **Hast**, hastig, hasten

er **hat**, sie hatte (↗ haben)

die **Hau|be**, die Hauben

Hasenfuß
Der Hase kann mit vielem Hakenschlagen sehr schnell laufen. Deshalb kämpft er nicht gegen Feinde, sondern flüchtet lieber bei der geringsten Gefahr. Das legen wir ihm als Feigheit aus. Deshalb verspotten wir einen ängstlichen Menschen als „Angsthase", der ein „Hasenherz" habe. Wir lachen über ihn als „Hasenfuß". Aber in England versteht man „Hasenfuß" als Anerkennung. „Hare-foot" nennt man dort einen schnellen Läufer.

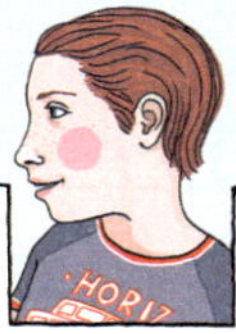

Heiner

hau|chen, sie hauchte, der Hauch
hau|en, er haute
der **Hau|fen**, die Haufen
häu|fig
Hauke (↗ Hugo)
das **Haupt**, die Häupter, die Hauptstadt, hauptsächlich
das **Haus*** ↗46, die Häuser, die Hausarbeit, haushoch
die **Haus|frau** ↗39, der Hausmann
der **Haus|halt**, die Haushalte
der **Haus|rat**
die **Haut**, die Häute
die **Heb|am|me**, die Hebammen
der **He|bel**, die Hebel
he|ben, sie hob
der **Hecht**, die Hechte
das **Heck** des Schiffes
die **He|cke**, die Hecken
Hedwig *(alter deutscher Name: Kämpferin)*
das **Heer**, die Heere
die **He|fe**, der Hefeteig
das **Heft***, die Hefte, heften
hef|tig, die Heftigkeit
das **Heft|pflas|ter**, die Heftpflaster

die **Hei|de** (unbebautes Land), die Heiden
der **Hei|de** (Nichtchrist), die Heiden
die **Hei|del|bee|re**, die Heidelbeeren
Heiko, Heike (↗ Heinrich)
heil, die Heilung, heilsam, der Heilpraktiker
der **Hei|land**
hei|len, er heilte, die Heilung
hei|lig, die Heiligen, der Heilige Abend
heim, ich fahre heim
das **Heim**, die Heime
die **Hei|mat**
heim|lich, die Heimlichkeit
heim|wärts fahren
das **Heim|weh**
Heinrich, Henrich, Heiner, Heinz, Hein, Heiko, Hinrich *(alte deutsche Namen: mächtiger Herrscher)*
hei|ra|ten, sie heiratet, die Heirat
hei|ser, die Heiserkeit
heiß*
hei|ßen, er hieß, geheißen
hei|ter, die Heiterkeit
hei|zen, er heizte, die Heizung, das Heizöl

Hendrik

der **Held**,
die Helden
Helene, Helena,
Hella, Hela, Helen,
Ilona *(Ursprung griechisch, Bedeutung unklar)*
hel|fen*, sie hilft,
er half, hat geholfen; Hilf!
der **Hel|fer**, die Helfer
Helga, Helge, Hella *(heiliger Mensch – Ursprung nordisch)*
hell*, die Helligkeit
der **Helm**, die Helme
Helmut, Hellmut,
Hellmuth *(darin steckt das germanische Wort „helm")*
das **Hemd***, die Hemden
hem|men, sie hemmte,
die Hemmung
der **Hengst**, die Hengste
der **Hen|kel**, die Henkel
die **Hen|ne**, die Hennen
Henner, Henrik, Hendrik,
Henni, Henry, Henrike,
Henriette (↗ Heinrich)

Hennig, Henning
(↗ Johannes + Heinrich)
her
he|rab, **he|ran**, **he|rauf**
he|raus
he|raus|fin|den ↗ 36,
er fand heraus
herb
die **Her|ber|ge**, die Herbergen
Herbert, Heribert
(alter deutscher Name: Heer + glänzend)
der **Herbst***, herbstlich
der **Herd**, die Herde
die **Her|de**, die Herden
he|rein
der **He|ring**, die Heringe
Hermann, Harm,
Harmen, Harmke,
Hermin *(alte deutsche Namen: Mitglied des Heeres)*
der **Herr*** ↗ 38, die Herren
herr|lich ↗ 58
herr|schen, sie herrschte,
der Herrscher

Vom „Schneiderkarpfen" zur Delikatesse
Früher gab es so viele Heringe, dass sie sehr billig waren. Arme Leute konnten sich Karpfen nicht leisten, nur Heringe. Deshalb hießen die spöttisch „Schneiderkarpfen". Wer diese minderwertige Ware verkaufte, wurde als „Heringsbändiger" verspottet. Heute ist Hering schon fast eine Delikatesse, weil es wegen rücksichtslosen Fischens nicht mehr genug gibt.

Hilke

her|stel|len, sie stellte her, die Herstellung

Herta, Hertha *(eine germanische Göttin hieß ähnlich)*

he|rü|ber

he|rum

he|run|ter

her|vor

her|vor|ra|gend

Herward, Herwarth *(alter deutscher Name: Heer + Schützer)*

das **Herz**, die Herzen

herz|lich, die Herzlichkeit

der **Her|zog**, die Herzogin, die Herzöge

Hes|sen

Hetti (↗ Hedwig)

het|zen, er hetzte, die Hetze

das **Heu**

heu|cheln, sie heuchelte, die Heuchler

heu|er (dieses Jahr)

die **Heu|er** (Lohn für Seeleute)

heu|len ↗ 6, er heulte

die **Heu|schre|cke**, die Heuschrecken

heu|te*, heute Morgen

die **He|xe***, die Hexen

he|xen, sie kann hexen

der **Hieb**, die Hiebe

hier, hierauf, hierbei, hierdurch, hierher, hiermit

hie|sig

Hi-Fi (Highfidelity, sprich: *heifidellitie*)

Hilde, Hildegard, Hildegunde, Hildemar, Hildemut, Hilke, Hiltraud *(Darin steckt „hiltja", ein germanisches Wort für „Kampf".)*

die **Hil|fe**, hilflos, hilfsbereit

die **Him|bee|re**, die Himbeeren

der **Him|mel**, himmlisch

hin

hi|nab

hi|nauf

hi|naus

hin|dern, er hinderte, das Hindernis

hin|durch

hi|nein

hin|fal|len ↗ 21, es fiel hin

hin|ken, er hinkte

sich **hin|set|zen** ↗ 22, sie setzte sich hin

die **Hin|sicht**

hin|ten

hin|ter, hintereinander

der **Hin|ter|grund**

hin|ter|her

Hiske

hin|ter|lis|tig
der **Hin|tern**, die Hintern
hi|nü|ber
hi|nun|ter, hinunterschlingen ↗34
der **Hin|weis**, die Hinweise
hin|zu
das **Hirn**, die Hirne
der **Hirsch**, die Hirsche
die **Hir|se**
der **Hirt** oder: Hirte, die Hirten
Hiske *(friesisch:* ↗ Hilde)
der **Hit**, die Hitparade
die **Hit|ze**, hitzefrei
das **Hob|by***, die Hobbys
der **Ho|bel**, die Hobel, hobeln
hoch, höher, am höchsten
der **Hoch|mut**, hochmütig
höchs|tens
die **Hoch|zeit**, die Hochzeiten
ho|cken ↗22, er hockte, die Hocke, der Hocker
der **Ho|den**, die Hoden
der **Hof**, die Höfe
hof|fen, sie hoffte

hof|fent|lich
die **Hoff|nung**, die Hoffnungen
höf|lich, die Höflichkeit
ho|he Bäume
die **Hö|he**, die Höhen, in die Höhe fahren ↗23
hohl
die **Höh|le**, die Höhlen
der **Hohn**, verhöhnen, höhnisch
der **Ho|kus|po|kus**
ho|len, er holte
Holger *(alter deutscher Name: Insel + Speer)*
Hol|land, die Holländer, holländisch
die **Höl|le**, höllisch
hol|pern, sie holperte, holp(e)rig
der **Ho|lun|der**
das **Holz**, die Hölzer, hölzern
die **Ho|mö|o|pa|thie**
der **Ho|nig***
der **Hop|fen**
hop|peln, er hoppelte
hopp|la!

Hund und dog
In England heißt ein Jagdhund **hound**, Hund allgemein **dog**.
Von **dog** kommt der Name für die Rasse der **Doggen**.
Mit Doggen jagte man früher Bullen.
Daher kommt der englische Name **bulldog**, deutsch: **Bulldogge**.

A B C D E F G H I J K L M N O P Q R S T U V W X Y Z

Hugo

hop|sen ↗18,
er hopste,
der Hopser
hor|chen, sie horchte
die **Hor|de**, die Horden
hö|ren, sie hörte, hörbar,
der Hörer
der **Ho|ri|zont**
das **Horn**, die Hörner
die **Hor|nis|se**, die Hornissen
das **Ho|ro|skop**, die Horoskope
Horst *(alter deutscher Name: Mann aus dem Busch)*
der **Hort**, die Horte
hor|ten, er hortete
die **Ho|se***, die Hosen
das **Ho|tel**, die Hotels
Hubert *(alter deutscher Name: Mann mit Verstand)*
hübsch ↗58
der **Hub|schrau|ber**,
die Hubschrauber
hu|cke|pack
der **Huf**, die Hufe
die **Hüf|te**, die Hüften
der **Hü|gel**, die Hügel,
hüg(e)lig
Hugo (↗ Hubert)
das **Huhn***, die Hühner
die **Hül|le**, die Hüllen
die **Hül|se**, die Hülsen
die **Hum|mel**, die Hummeln

der **Hu|mor**
hum|peln, sie humpelte
der **Hu|mus**
der **Hund***, die Hunde
hun|dert

> **freie Wahl:**
> einige hundert/einige Hundert Leute
> hunderte/Hunderte kamen
> **zusammen:**
> hundertmal, hundertprozentig

der **Hun|ger**, hungern, hungrig
die **Hu|pe**, die Hupen, hupen
hüp|fen ↗18, er hüpfte
hu|schen, sie huschte
der **Hus|ten**, husten
der **Hut***, die Hüte
die **Hut**, hüten,
auf der Hut sein
die **Hüt|te**, die Hütten

Ingo

I

ich*
ide|al, das Ideal
die **Idee** ↗54, die Ideen
der **Idi|ot**, die Idioten
der **Igel***, die Igel
der/das **Ig|lu**, die Iglus
ihm, gib es ihm
ihn, hole ihn
ih|nen, ich sage es ihnen
ihr*
die **Il|lus|trier|te**, die Illustrierten
im Haus (in dem Haus)
der **Im|biss** ↗45, die Imbisse
der **Im|ker**, die Imker
im|mer
im|mer|hin
imp|fen, sie impfte, die Impfung
im|po|nie|ren, er imponierte, imposant
im|stan|de/im Stande sein
in
in|dem, aber: in dem Haus
der **In|di|a|ner**, die Indianer
die **In|dus|trie**, die Industrien
in|ei|nan|der
die **In|fek|ti|on**, der Infekt
der **In|fi|ni|tiv**, die Infinitive
in|for|mie|ren, sie informierte, die Information
der **In|ge|ni|eur**, die Ingenieurin, die Ingenieure
der **In|halt**, die Inhalte
in|nen
in|ner|halb, **in|ner|lich**
in|nig
geh **ins** Haus! (in das Haus)
das **In|sekt**, die Insekten
die **In|sel**, die Inseln

Idiot und Schlaukopf
Tor, Tölpel, Schwachkopf, Hohlkopf, Torfkopp, Verrückter, Irrsinniger, Blödsinniger, Esel, Huhn, Kalb, Kamel, Kuh, Null, Simpel, Trottel, Depp, Mondkalb, Schussel, Rindvieh, Dummkopf, Dussel
Eierkopf, Fachmann, Gehirnakrobat, Intelligenzbestie, gelehrtes Haus, kluges Haus, Schlaukopf, Pfiffikus, Fuchs
Mit vielen Namen sagt man Negatives über das Denkvermögen von Mitmenschen aus. Aber es gibt nur wenige Namen, die Positives sagen. Woher kommt das wohl? Es müsste mal einen Wettbewerb geben, das zu ändern.

Iris

das **In|se|rat**, die Inserate, inserieren
in|so|fern
der **In|spek|tor**, die Inspektorin, die Inspektoren
der **In|stal|la|teur**, die Installateure, die Installation
der **In|stinkt**, die Instinkte
das **In|sti|tut**, die Institute
das **In|stru|ment**, die Instrumente
in|tel|li|gent, die Intelligenz
der **In|ter|ci|ty**, die Intercitys
in|te|res|sant
das **In|te|res|se**, die Interessen, interessieren
in|ter|na|ti|o|nal
das **In|ter|net**
das **In|ter|view**, die Interviews, interviewen ↗10
der **In|va|li|de**, die Invaliden
in|zwi|schen
ir|gend

zusammen: irgendein, irgendwo, irgendjemand, irgendetwas
getrennt: irgend so ein

Ir|land, die Iren, irisch
die **Iro|nie**, ironisch
ir|ren, sie irrte, der Irrtum
der **Ischi|as**
die **Iso|la|ti|on**, isolieren
Is|ra|el, die Israelis, israelisch
du **isst** (↗ essen)
es **ist** kalt
Ita|li|en, die Italiener, italienisch

Namen mit I

Ibrahim *(arabische Form für Abraham: großer Vater)*; **Ida** *(alter deutscher Name: junge Frau)*; **Ilka, Ilona** (↗ Helene); **Ilse** (↗ Elisabeth); **Ilsegret** (↗ Ilse, Margarete); **Imke, Imma, Imme** (↗ Irmgard); **Immanuel** *(Gott ist mit uns – Ursprung griechisch)*; **Ina** (↗ Katharina, Caroline); **Ines** *(spanisch:* ↗ Agnes); **Inga, Inge, Ingeborg, Inka** *(nordisch: göttlicher Schutz)*; **Ingemar, Ingomar, Ingo** *(Name eines germanischen Gottes)*; **Ingrid** *(die Schöne – Ursprung skandinavisch)*; **Ira, Irina, Irene** *(Frieden – Ursprung griechisch)*; **Iris** *(Name der griechischen Götterbotin)*; **Irmtraud, Irma, Irmel, Irmela, Irmgard, Irmhild** *(darin steckt das germanische Wort irm = groß)*; **Isabel, Isabell, Isabella, Isabelle** *(spanische und italienische Form von* ↗ Elisabeth)

A B C D E F G H I **J** K L M N O P Q R S T U V W X Y Z

J

Jenni

ja/Ja* sagen

die **Jacht**, die Jachten

die **Jacke***, die Jacken

jagen, er jagt, die Jagd

der **Jaguar**, die Jaguare

jäh, der Jähzorn

das **Jahr***, die Jahre, die Jahreszeit*, jährlich, vierjährig

der **Jahrgang**, die Jahrgänge

der **Jahrmarkt**, die Jahrmärkte

der **Jammer**, jammern ↗6, jämmerlich

der **Januar***

Japan, japanisch

japsen, er japste

jäten, er jätete

die **Jauche**

jauchzen ↗4, sie jauchzte

jaulen, er jaulte

jawohl

der **Jazz** (sprich: *dschäs*), jazzen

je

jedenfalls

jeder, jede, jedes Mal

jedoch

jemals

jemand, jemanden fragen, jemandem antworten

jene, jener, jenes

jenseits

Jesus

jetzt*

jeweils

der **Job**, die Jobs, jobben

jodeln, sie jodelte

der/das **Joghurt/Jogurt***

johlen, er johlte

der **Journalist**, die Journalistin, die Journalisten

jubeln ↗4, der Jubel

das **Jubiläum**, die Jubiläen

jubilieren, sie jubilierte

jucken, es juckte

Kleine und freche Jungen

Für „Junge" gibt es viele sinnverwandte Ausdrücke, am meisten für kleine und für freche: Dreikäsehoch, Kiekindiewelt, Hemdenmatz, Hosenmatz, Knirps, Zwerg, Stöpsel, Kerlchen, Jüngelchen, Pimpf, Köttel, Bengel, Flegel, Schlingel, Lausejunge, Lümmel, Gassenjunge, Rotzjunge, Freundchen, Popel, Frechdachs, Range, Strick, Früchtchen, Lausbub …
Komisch: Für „Mädchen" gibt es nur sehr wenige sinnverwandte Wörter. Warum wohl?

Jens

der **Ju|de**,
die Juden,
jüdisch
das **Ju|do**
die **Ju|gend**, die Jugendlichen,
jugendlich
die **Ju|gend|wei|he**
der **Ju|li***

jung
der **Jun|ge** ↗37, die Jungen,
der Jüngling
der **Ju|ni***
der **Ju|rist**, die Juristen
das **Ju|wel**, die Juwelen,
der Juwelier
der **Jux**

Namen mit J

Jack (↗ Johannes); **Jacqueline** (*französisch; weibliche Form von* ↗ Jacques); **Jacques** (*französische Form von* ↗ Jakob); **Jadwiga** (*polnische Form von* ↗ Hedwig); **Jakob, Jacob, Jascha, Jack, James, James, János, Jacques** (*biblisch: der Fersenhalter*); **Jan, Jens, Janik, Janick, Jannik, Jannick, Jannis** (↗ Johannes); **Jasper** (*norddeutsche Form von* ↗ Kaspar); **Jane, Janice** (*Kurzform von* ↗ Christiane *oder* ↗ Johanna)

Bis zum ✽ sind alle folgenden Namen biblisch.

Jeremias, Jeremy (*Gott erhöht*); **Joachim, Jochen, Jochem** (*Gott richtet auf*); **Johannes, Johann, John, Giovanni, Gianni, Jean, Juan, Jupp** (*Gott ist gnädig*); **Jonas** (*Taube*); **Jonathan** (*Gottesgabe*); **Josef, Joseph, Joe, José, Yusuf** (*Gott möge vermehren*); **Joshua, Josua** (*Gott hilft*) ✽

Jürgen, Jörg, Joris, Jörn, Jürn, Jörgen, Jörn, Juri, Jeffrey, Jeff (↗ Georg); **Jost** (*Krieger – Name aus Frankreich*); **Julius, Julian** (*aus der berühmten Familie der Julier – Ursprung römisch*); **Justin, Justus, Just** (*der Gerechte und Redliche – Ursprung römisch*); **Jacqueline** (*französisch:* ↗ Jakob); **Jana, Janna, Janina, Janine** (↗ Jan); **Jasmin(a)** (*Name nach dem Strauch mit duftenden Blüten*); **Jennifer** (*Name der Frau des Keltenkönigs Artus*); **Jenny, Jenni** (*die Wohlgeborene – Ursprung griechisch*); **Jessica** (*biblisch: Gott sieht dich*); **Jette** (↗ Henriette); **Johanna, Janka, Jenni, Jo, Joana, Giovanna** (↗ Johannes) **GB: Jane, Janet, Jean, Joan, Jenny F: Jeanne, Jeannette, Jeanine E: Juana, Juanita I: Giovanna**

Josepha, Josefa, Josephine, Josefine (↗ Josef); **Judith, Jutta** (*biblisch: Frau aus Jehud*); **Julia, Jula, Juliana, Jule, Juliane, Juliette, Julie, Jill, Jillian** (↗ Julius); **Justina** (↗ Justin)

K

Kai

das **Ka|bel**, die Kabel
die **Ka|bi|ne**, die Kabinen
die **Ka|chel**, die Kacheln
der **Kä|fer**, die Käfer
der **Kaf|fee***
der **Kä|fig**, die Käfige
kahl
der **Kahn**, die Kähne
Kai, Kay *(Kampf – Ursprung friesisch/skandinavisch)*
der **Kai**, die Kais
der **Kai|ser**, die Kaiserin, die Kaiser, kaiserlich
der **Ka|jak**, die Kajaks
die **Ka|jü|te**, die Kajüten
der **Ka|kao**
der **Kak|tus**, die Kakteen
das **Kalb**, die Kälber
der **Ka|len|der**, die Kalender
der **Kalk**, kalken, kälken
Kalle (↗ Karl)
die **Ka|lo|rie**, die Kalorien
kalt*, die Kälte
ich **kam** (↗ kommen)
das **Ka|mel***, die Kamele
die **Ka|me|ra**, die Kameras
der **Ka|me|rad**, die Kameradin, die Kameradschaft, kameradschaftlich
die **Ka|mil|le**, der Kamillentee
der **Ka|min**, die Kamine
der **Kamm**, die Kämme, kämmen
die **Kam|mer**, die Kammern
der **Kampf**, die Kämpfe, kämpfen
der **Ka|nal**, die Kanäle, die Kanalisation
der **Ka|na|ri|en|vo|gel**, die Kanarienvögel
der **Kan|di|dat**, die Kandidatin, die Kandidaten
das **Kän|gu|ru***, die Kängurus
das **Ka|nin|chen***, die Kaninchen
der **Ka|nis|ter**, die Kanister
die **Kan|ne**, die Kannen
der **Ka|non**, die Kanons
die **Ka|no|ne**, die Kanonen
die **Kan|te**, die Kanten, kantig
die **Kan|ti|ne**, die Kantinen
das **Ka|nu**, die Kanus
die **Kan|zel**, die Kanzeln
der **Kanz|ler**, die Kanzlerin, die Kanzler
die **Ka|pel|le**, die Kapellen
ka|pie|ren, er kapierte
der **Ka|pi|tän**, die Kapitäne
das **Ka|pi|tel**, die Kapitel
der **Ka|plan**, die Kaplane
die **Kap|pe**, die Kappen
die **Kap|sel**, die Kapseln

Karina

Siehe auch C und Ch!

ka|putt, etwas kaputtmachen/kaputt machen
die **Ka|pu|ze**, die Kapuzen
das **Ka|ra|te**
die **Ka|ra|wa|ne**
der **Kar|di|nal**, die Kardinäle
Karen (↗ Karin)
der **Kar|frei|tag**, die Karfreitage
karg, kärglich, die Kargheit
ka|riert
die **Ka|ri|es**
Karin, Karina, Karen (*skandinavische Kurzform von* ↗ Katharina)
Karl, Karla (*alte deutsche Namen: freier Mann)*
DK: Karl I: Carlo
E: Carlos PL: Karol
NL: Karel CZ: Karel
F: Charles (sprich: *scharl*)
GB: Charles (sprich: *tscharls*)

Siehe auch C und Ch!

der **Kar|ne|val**
das **Kar|ni|ckel**, die Karnickel
das **Ka|ro**, die Karos
die **Ka|ros|se|rie**, die Karosserien
die **Ka|rot|te**, die Karotten
der **Karp|fen**, die Karpfen
die **Kar|re**, die Karren
die **Kar|ri|e|re**, die Karrieren
Karsten (↗ Christian)
die **Kar|te***, die Karten
die **Kar|tei**, die Karteien
die **Kar|tof|fel***, die Kartoffeln
der **Kar|ton**, die Kartons
das **Ka|rus|sell**, die Karussells
der **Kä|se***
die **Ka|ser|ne**, die Kasernen
Kaspar (*Name eines der Heiligen Drei Könige)*
der **Kas|per**
die **Kas|se**, die Kassen, kassieren

Kartoffel-Namen
Erst seit die Kartoffel angebaut wird, gibt es in Deutschland keinen Hunger mehr. Der Name „Kartoffel" kommt vom italienischen *tartufolo*. Daraus wurde: Kartüffel, Katüffel, Tüffel, Tüffelken, Ertüffel, Tuffel, Duffel. Anfangs war die Frucht klein wie ein Apfel, eine Birne, Bohne oder Beere. Das merkt man in den Dialekten noch an vielen Namen: Knolle, Knulle, Erpel, Erfel, Erdapfel, Arpfel, Grumbeere, Gromper, Erdbirne, Grumbire, Erdapfel.

Katja

A B C D E F G H I J **K** L M N O P Q R S T U V W X Y Z

die **Kas|set|te**,
die Kassetten,
der Kassettenrekorder
die **Kas|ta|nie**, die Kastanien
der **Kas|ten**, die Kästen
der **Kat** (kurz für: Katalysator)
der **Ka|ta|log**, die Kataloge
die **Ka|ta|stro|phe**,
die Katastrophen,
katastrophal
der **Ka|ter**, die Kater
Katharina, Katharine,
Katrin, Kathrin, Käthe,
Kate, Kati, Katinka,
Kathrein, Katja
(die Reine – Ursprung griechisch)
I: Caterina E: Catalina
F: Cathérine (sprich: *katerien*)
GB: Katherine (*kä∂rin*),
Kitty IRL: Kathleen (sprich:
kä∂lien) **PL: Katarzyna**
(sprich: *kata~~sch~~ena*)
ka|tho|lisch,
die Katholiken
die **Kat|ze***, die Katzen
das **Kau|der|welsch**
kau|en, er kaute
kau|ern, sie kauerte
kau|fen, sie kaufte,
der Kauf, der Käufer
der **Kauf|mann**, die Kauffrau,
die Kaufleute
das/der **Kau|gum|mi**,
die Kaugummis
die **Kaul|quap|pe**,
die Kaulquappen
kaum
der **Kauz**, die Käuze
keck
der **Ke|gel**, die Kegel, kegeln
die **Keh|le**, die Kehlen
keh|ren, er kehrte
kehrt|ma|chen
kei|fen, sie keifte
der **Keil**, die Keile, die Keilerei
der **Keim**, die Keime,
der Keimling, keimfrei
kein, keine, keiner, keinmal
kei|nes|falls
kei|nes|wegs
der **Keks**, die Kekse
der **Kelch**, die Kelche
die **Kel|le**, die Kellen
der **Kel|ler**, die Keller

Abzählvers aus Italien
A, B, C, D! • Il mio gatto mi morì • Mi morì di giovedì • A, B, C, D.
(A, Bi, Tschi, Di! • il mio gatto mi morí • mi morí di dschowedí …)
(der mein Katz mir gestorben ist = meine Katze ist mir gestorben)

Kilian

der **Kell|ner**, die Kellnerin, die Kellner
ken|nen, er kannte
die **Kennt|nis**, die Kenntnisse
das **Kenn|zei|chen**, die Kennzeichen
ken|tern, er kenterte
die **Ke|ra|mik**, die Keramiken
die **Ker|be**, die Kerben, kerben
der **Ker|ker**, die Kerker
der **Kerl** ↗38, die Kerle
der **Kern**, die Kerne, kernig
Kersten, Kirsten (↗ Christian)
Kerstin, Kirstin (↗ Christine)
die **Ker|ze**, die Kerzen
der **Kes|sel**, die Kessel
der/das **Ket|chup/Ket|schup**
die **Ket|te**, die Ketten
keu|chen, sie keuchte
der **Keuch|hus|ten**
die **Keu|le**, die Keulen
Kevin *(irisch: anmutig, hübsch)*
das **Key|board**, die Keyboards
Kiara (↗ Chiara)
ki|chern ↗5, er kicherte
der **Kie|bitz**, die Kiebitze
der **Kie|fer** (Gebissknochen), die Kiefer
die **Kie|fer** (Baum), die Kiefern
der **Kiel**, die Kiele
die **Kie|me**, die Kiemen

der **Kies**
der **Kie|sel**, die Kiesel
Kilian *(irisch-schottisch: Kampf)*
kil|len, der Killer
das **Ki|lo|gramm** (kurz: das Kilo, Zeichen: kg)
der **Ki|lo|me|ter**, die Kilometer, kilometerweit (Zeichen: km)
Kim *(irisch: Anführer im Kampf)*
das **Kind**, die Kinder, die Kindheit, kindisch, kindlich
das **Kinn**, der Kinnhaken
das **Ki|no***, die Kinos
der **Ki|osk** ↗46, die Kioske
die **Kip|pe**, die Kippen, kippen
die **Kir|che***, die Kirchen
die **Kirch|weih**, die Kirchmesse
die **Kir|mes**, die Kirmessen
die **Kir|sche**, die Kirschen
das **Kis|sen**, die Kissen
die **Kis|te**, die Kisten
die **Ki|ta**, die Kitas (kurz für: Kindertagesstätte)
der **Kitsch**, kitschig
der **Kitt**
das **Kitt|chen**, die Kittchen
der **Kit|tel**, die Kittel
das **Kitz**, die Kitze
kit|zeln, sie kitzelte, kitz(e)lig
Klaas (↗ Nikolaus)

A B C D E F G H I J **K** L M N O P Q R S T U V W X Y Z

Siehe auch C und Ch!

Klara

kläf|fen, er kläffte
kla|gen, sie klagte, die Klage, kläglich
die **Klam|mer**, die Klammern, klammern, sie klammerte
die **Kla|mot|ten**
der **Klang**, die Klänge
die **Klap|pe**, die Klappen, klappen
klap|pern, es klapperte, die Klapper, klapp(e)rig
der **Klaps**, die Klapse
klar, klären, die Klarheit
Klara, Klarina, Klarissa
(die Leuchtende – römisch)
die **Klas|se**, die Klassen, das ist klasse
ein **klas|se** Auto
der **Klas|sen|leh|rer** (auch: der Klasslehrer), die Klassenlehrerin
klat|schen, er klatschte
klau|ben, sie klaubte
die **Klaue**, die Klauen
klau|en, er klaute
Klaus, Kolja (↗ Nikolaus)
das **Kla|vier**, die Klaviere
kle|ben, sie klebte, der Kleber*, klebrig
der **Kleb|stoff**, die Klebstoffe

kle|ckern, er kleckerte
der **Klecks**, die Kleckse, klecksen
der **Klee**
das **Kleid***, die Kleider, kleiden, die Kleidung
klein* ↗56

klein: von klein auf
groß: bis ins Kleinste
Er ist der Kleinste.
Die Kleinen treffen die Großen.
getrennt: klein beigeben
zusammen:
jemanden kleinkriegen
freie Wahl: Holz kleinhacken/klein hacken
ein Wort kleinschreiben/klein schreiben
Schwierig? Viele Erwachsene können das auch nicht!

die **Klei|nig|keit**, die Kleinigkeiten
klein|lich
der **Kleis|ter**
klem|men, es klemmte, in der Klemme sein
der **Klemp|ner**, die Klempner
die **Klet|te**, die Kletten
klet|tern, sie kletterte
der **Kli|cker**, die Klicker
das **Kli|ma**, die Klimaanlage
der **Klimm|zug**, die Klimmzüge
klim|pern, er klimperte

Kolja

die **Klin|ge**, die Klingen
die **Klin|gel**, die Klingeln, klingeln
klin|gen, es klang, hat geklungen
die **Kli|nik**, die Kliniken
die **Klin|ke**, die Klinken, klinken
die **Klip|pe**, die Klippen
klir|ren, es klirrte
klop|fen, es klopfte, der Klopfer
der **Klops**, die Klopse
das **Klo(sett)**, die Klos(etts)
der **Kloß**, die Klöße
das **Klos|ter**, die Klöster
der **Klotz**, die Klötze
der **Klub**, die Klubs, auch: Club
klug, die Klugheit
der **Klum|pen**, die Klumpen
knab|bern, er knabberte
der **Kna|be** ↗37, die Knaben
das **Knä|cke|brot**
kna|cken, es knackte, der Knacks
knal|len, es knallte, der Knall
knapp
knar|ren, es knarrte
knat|tern, es knatterte
das **Knäu|el**, die Knäuel

knau|sern, er knauserte, knaus(e)rig
der **Kne|bel**, die Knebel
der **Knecht**, die Knechte
knei|fen, sie kniff
kne|ten, er knetete, die Knete
kni|cken, sie knickte, der Knick
der **Knicks**, die Knickse, knicksen
das **Knie***, die Knie, knien
knip|sen, er knipste
der **Knirps**, die Knirpse
knir|schen, es knirschte
knis|tern, es knisterte
knit|tern, er knitterte
kno|beln, sie knobelte
der **Knob|lauch**
der **Knö|chel**, die Knöchel
der **Kno|chen**, die Knochen, knochig
der **Knö|del**, die Knödel
die **Knol|le**, die Knollen
der **Knopf**, die Knöpfe, knöpfen
der **Knor|pel**, die Knorpel
die **Knos|pe**, die Knospen
der **Kno|ten**, die Knoten
knül|len, er knüllte
knüp|fen, sie knüpfte
der **Knüp|pel** ↗52, die Knüppel

Knut

knur|ren ↗7,
er knurrte
knusp|rig
oder: knusperig, knuspern
Knut *(skandinavisch: der Waghalsige)*
k.o. schlagen, k.o. sein
der **Koch**, die Köchin,
die Köche, der Kocher
ko|chen, sie kochte
der **Kof|fer**, die Koffer
der **Kohl**
die **Koh|le**, die Kohlen
die **Ko|je** ↗49, die Kojen
die **Ko|kos|nuss**,
die Kokosnüsse
der **Kol|ben**, die Kolben
der **Kol|le|ge**, die Kollegin,
die Kollegen
die **Ko|lon|ne**, die Kolonnen
kom|bi|nie|ren, sie kombinierte, die Kombination
der **Ko|met**, die Kometen
kom|for|ta|bel
der **Ko|mi|ker**, die Komiker
ko|misch
das **Kom|ma**, die Kommas
oder: die Kommata
kom|man|die|ren, er kommandierte, das Kommando,
der Kommandant
kom|men, er kommt,
er kam
der **Kom|men|tar**, die Kommentare, kommentieren
der **Kom|mis|sar**, die Kommissarin, die Kommissare
die **Kom|mo|de**, die Kommoden
die **Kom|mu|ni|on**
der **Kom|mu|nis|mus**,
kommunistisch
die **Ko|mö|die**, die Komödien
die **Kom|pa|nie**, die Kompanien
der **Kom|pass**, die Kompasse
kom|plett
das **Kom|pli|ment**,
die Komplimente
kom|pli|ziert

Redensarten vom Kopf:
Zerbrich dir nicht den Kopf! Die Lehrerin hat ihm den Kopf gewaschen. Lass den Kopf nicht hängen! Der will mit dem Kopf durch die Wand. Vor Angst hat sie den Kopf verloren. Es geht nicht immer nach deinem Kopf! Dafür hab ich jetzt keinen Kopf. Ich weiß nicht, wo mir vor lauter Arbeit der Kopf steht! Wir flüchteten Hals über Kopf. Der tanzt seiner Mutter auf dem Kopf herum. (Es gibt noch viel mehr!)

A B C D E F G H I J K L M N O P Q R S T U V W X Y Z

Kora

kom|po|nie|ren, sie komponierte, der Komponist
der **Kom|post**, die Komposte
das **Kom|pott**, die Kompotte
der **Kom|pro|miss**, die Kompromisse
die **Kon|di|ti|on**, die Konditionen
der **Kon|di|tor**, die Konditorin, die Konditoren
das **Kon|fekt**
die **Kon|fe|renz**, die Konferenzen
die **Kon|fes|si|on**, die Konfessionen
das **Kon|fet|ti**
die **Kon|fir|ma|ti|on**, konfirmieren
die **Kon|fi|tü|re**, die Konfitüren
der **Kon|flikt**, die Konflikte
der **Kö|nig**, die Königin, die Könige, königlich
die **Kon|kur|renz**, der Konkurrent, die Konkurrentin
kön|nen, er kann, sie konnte, der Könner
Konrad, Konradin *(alter deutscher Name: kühner Ratgeber)*
die **Kon|ser|ve**, die Konserven, konservieren

der **Kon|so|nant**, die Konsonanten
Konstantin, Konstanze, Konni *(standhafter Mensch – Ursprung römisch)*
kon|stru|ie|ren, sie konstruierte, die Konstruktion
der **Kon|sum**, der Konsument, konsumieren
der **Kon|takt**, die Kontakte
der **Kon|ti|nent**, die Kontinente
das **Kon|to**, die Konten
der **Kon|trast**, die Kontraste
die **Kon|trol|le**, die Kontrollen, kontrollieren
kon|zen|trie|ren, er konzentrierte sich, die Konzentration, konzentriert
das **Kon|zert**, die Konzerte
der **Kopf***, die Köpfe, der Kopfball, die Kopfschmerzen, kopfüber
die **Ko|pie**, die Kopien, kopieren
Kora *(Name einer griechischen Göttin)*
der **Ko|ran**
der **Korb**, die Körbe
die **Kor|del**, die Kordeln
der **Kor|ken**, die Korken, der Korkenzieher
das **Korn**, die Körner
der **Kör|per***, die Körper

Kristin

A B C D E F G H I J **K** L M N O P Q R S T U V W X Y Z

kor|rekt, die Korrektur
der **Kor|ri|dor**, die Korridore
kor|ri|gie|ren, sie korrigierte, die Korrektur
die **Kos|me|tik**, kosmetisch
der **Kos|mo|naut**, die Kosmonauten
der **Kos|mos**
die **Kost**, kosten, köstlich
kost|bar
kos|ten, es kostete
die **Kos|ten**
das **Kos|tüm**, die Kostüme, kostümieren
der **Kot**
das **Ko|te|lett**, die Koteletts
der **Kö|ter**, die Köter
der **Kot|flü|gel**, die Kotflügel
kot|zen, er kotzte
die **Krab|be**, die Krabben
krab|beln, sie krabbelte
kra|chen, es krachte, der Krach
krächↂzen ↗7, er krächzte
die **Kraft**, die Kräfte, kräftig
der **Kra|gen**, die Kragen
die **Krä|he**, die Krähen
krä|hen, er krähte
die **Kral|le**, die Krallen

Siehe auch Cr und Chr!

der **Kram**, kramen
der **Krampf**, die Krämpfe, krampfhaft, verkrampft
der **Kran**, die Kräne
krank*, die Kranken, das Krankenhaus
krän|ken, es kränkte, die Kränkung
die **Krank|heit**, die Krankheiten
der **Kranz**, die Kränze
krass
der **Kra|ter**, die Krater
krat|zen, sie kratzte
krau|len, er kraulte
kraus, kräuseln
das **Kraut**, die Kräuter
die **Kra|wat|te**, die Krawatten
der **Krebs**, die Krebse
der **Kre|dit**, die Kredite
die **Krei|de***, die Kreiden
der **Kreis**, die Kreise
krei|schen ↗9, sie kreischte
der **Krei|sel**, die Kreisel
die **Krem(e)**, die Krem(e)s
das **Kreuz**, die Kreuze, kreuzen, die Kreuzung
krie|chen, sie kroch
der **Krieg**, die Kriege
krie|gen, sie kriegte

Kuno

der **Kri|mi**, die Krimis
Kristian (↗ Christian)
Kristin (↗ Christine)
die **Kri|tik**, kritisch, die Kritiker, kritisieren
krit|zeln, er kritzelte
das **Kro|ko|dil***, die Krokodile
der **Kro|kus**, die Krokusse
die **Kro|ne**, die Kronen
die **Krö|te**, die Kröten
die **Krü|cke**, die Krücken
der **Krug**, die Krüge
der **Krü|mel**, die Krümel, krümeln
krumm, die Krümmung, sich krümmen
der **Krüp|pel**, die Krüppel
die **Krus|te**, die Krusten
die **Kü|che***, die Küchen
der **Ku|chen***, die Kuchen
ku|cken, sie kuckte
der **Ku|ckuck**, die Kuckucke
die **Ku|gel**, die Kugeln, kugelig, der Kugelschreiber
die **Kuh***, die Kühe
kühl, kühlen, die Kühlung, der Kühlschrank
kühn, die Kühnheit
das **Kü|ken**, die Küken
die **Kul|tur**, die Kulturen
der **Küm|mel**

der **Kum|mer**, sich kümmern, bekümmert, kümmerlich
der **Kun|de**, die Kunden, die Kundschaft
die **Kun|de**, die Sachkunde
kün|di|gen, er kündigte, die Kündigung
künf|tig
Kuno *(alter deutscher Name: kühner Ratgeber)*
kun|ter|bunt
das **Kup|fer**
die **Kup|pel**, die Kuppeln
die **Kur**, die Kuren
die **Kur|bel**, die Kurbeln, kurbeln
der **Kür|bis***, die Kürbisse
der **Kurs**, die Kurse
Kurt (↗ Konrad)
die **Kur|ve**, die Kurven, kurven, kurvig
kurz, kürzen, die Kürzung, kürzlich, kurzsichtig
die **Ku|si|ne**, auch: ↗ Cousine
der **Kuss**, die Küsse, küssen, sie küsste
die **Küs|te**, die Küsten
die **Kut|sche**, die Kutschen, kutschieren
der **Kut|ter**, die Kutter
das **Ku|vert**, die Kuverts
Kw **Kw** gibt es nicht. ↗ Qu

A B C D E F G H I J **K** L M N O P Q R S T U V W X Y Z

L

Lars

la|bern, sie laberte
das **La|bor** (kurz für: Laboratorium), die Labors
la|chen ↗5, sie lachte, lächeln
lä|cher|lich
der **Lachs**, die Lachse
der **Lack**, die Lacke, lackieren
la|den, er l<u>u</u>d, die Ladung
die **La|ge**, die Lagen
das **La|ger**, die Lager, lagern
lahm, die Lähmung
der **Laib** Brot, aber: der ↗ L<u>ei</u>b
der **Laich**, l<u>ai</u>chen
der **Laie**, die Laien
das **La|ken**, die Laken
die **La|krit|ze**
lal|len, er lallte
la|men|tie|ren, er lamentierte
das **La|met|ta**
das **Lamm**, die Lämmer
die **Lam|pe***, die Lampen
der **Lam|pi|on**, die Lampions
das **Land**, die Länder
lan|den, sie landete, die Landung
die **Land|stra|ße**, die Landstraßen
der **Land|wirt**, die Landwirte, die Landwirtschaft
lang ↗57, länger

> **getrennt:** zu lang, allzu lang
> **zusammen:** meterlang, jahrelang, stundenlang, tagelang
> **freie Wahl:** seit langem/Langem

die **Län|ge**, die Längen, längs
die **Lan|ge|wei|le**
lang|sam
längst
der **Lap|pen**, die Lappen
der **Lap|top**, die Laptops
Lara (↗ Laurentia)
die **Lär|che** (Nadelbaum), die Lärchen, aber: die ↗ L<u>e</u>rche
Larissa *(Name einer russischen Fürstentochter)*
der **Lärm**, lärmen ↗12
Lars (*skandinavische Form von* ↗ Laurentius)
die **Lar|ve**, die Larven
der **La|ser**, die Laser, lasern
las|sen, er lässt, er <u>ließ</u>
läs|sig
das **Las|so**, die Lassos
die **Last**, die Lasten, der Lastkraftwagen (Laster, Lkw)
das **Las|ter**, die Laster
läs|tern

Laura

läs|tig
das **La|tein**, lateinisch
die **La|ter|ne**, die Laternen
die **Lat|te**, die Latten
lau, lauwarm
das **Laub**
die **Lau|be**, die Lauben
lau|ern, sie lauerte, auf der Lauer liegen
lau|fen, sie lief, der Lauf
die **Lau|ne**, die Launen
Laurentius, Laurentia, Laura, Lara *(Mensch aus der Stadt Laurentium – Ursprung römisch)*
Laurin *(Zwergenkönig in einer deutschen Sage)*
die **Laus**, die Läuse
der **Laus|bub**, die Lausbuben
lau|schen, er lauschte, der Lauscher
laut sein, der Lautsprecher
der **Laut**, die Laute, lautlos
läu|ten, er läutete
die **La|va** (sprich: *lawa*)
die **La|wi|ne**, die Lawinen
Lea *(Name aus der Bibel: Bedeutung unklar)*
Leander *(alter griechischer Name: Volk + Mann)*
das **Le|ben**, wir leben, lebhaft, lebendig
die **Le|ber**
der **Leb|ku|chen**, die Lebkuchen
lech|zen, sie lechzte
das **Leck**, die Lecks, leck sein
le|cken, er leckte
le|cker, der Leckerbissen
das **Le|der**, ledern
le|dig
le|dig|lich
leer, die Leere, leeren
le|gen, er legte
der **Lehm**, lehmig
die **Leh|ne**, die Lehnen

A B C D E F G H I J K **L** M N O P Q R S T U V W X Y Z

Latein
Vor zweitausend Jahren war ein großer Teil des heutigen Deutschlands von Römern erobert. Ihre Sprache nennen wir Latein. Wenn unsere Vorfahren, die Germanen, neue Sachen von den Römern kennen lernten, übernahmen sie natürlich auch deren Namen. Das hört man noch heute. Zum Beispiel wurde aus *murus* bis heute Mauer. Außerdem: strata – Straße, cellarium – Keller, pilarium – Pfeiler, fenestra – Fenster, plastrum – Pflaster, vinum – Wein, mustum – Most ...

A B C D E F G H I J K **L** M N O P Q R S T U V W X Y Z

Leopold

sich **leh|nen**,
sie lehnte sich
leh|ren, der Lehrer*,
die Lehrerin, die Lehre,
das Lehrerpult ↗48
der **Leib** (Körper), die Leiber,
aber: der ↗ Laib Brot
die **Lei|che**, die Leichen
leicht, die Leichtigkeit
die **Leicht|ath|le|tik**
der **Leicht|sinn**, leichtsinnig
lei|den, er litt, das Leid,
es tut mir Leid oder: leid
die **Lei|den|schaft**,
die Leidenschaften
lei|der
Leif *(norwegisch: Erbe, Sohn)*
lei|hen, sie lieh,
die Leihbücherei
Leila, Laila *(die Dunkel-haarige – englisch)*
der **Leim**, leimen
die **Lei|ne**, die Leinen
das **Lei|nen**, das Leintuch
der **Lein|sa|men**
die **Lein|wand**, die Leinwände
lei|se
die **Leis|te**, die Leisten
leis|ten, sie leistete,
die Leistung
lei|ten, er leitete,
die Leitung

die **Lei|ter**, die Leitern
die **Lek|ti|on**, die Lektionen
die **Lek|tü|re**, die Lektüren
Lena, Lene, Leni, Lenka
(↗ Helene, Magdalena)
len|ken, sie lenkte,
der Lenker, die Lenkung
Lennart (↗ Leonhard)
der **Lenz**
Leonhard, Leonard, Leon, Lennart *(alter deutscher Name: Löwe + hart)*
Leonore, Lenore
(↗ Eleonore)
Leonore, Leon, Leone, Leonie, Leo, Leonid, Lew
(Löwe – Ursprung römisch)
der **Le|o|pard**, die Leoparden
Leopold *(alter deutscher Name: Volk + kühn)*
die **Ler|che** (Vogel),
die Lerchen, aber:
die ↗ Lärche
ler|nen, er lernte
le|sen, sie liest, sie las; Lies!
der **Le|ser**, die Leserin,
lesbar, leserlich
letz|te, letztens

groß: zu guter Letzt
Das ist das Letzte!
Er kommt als Letzter.
Sie gibt ihr Letztes.

Lilly

leuch|ten,
es leuchtete,
der Leuchter
leug|nen, er leugnete
die **Leu|te** ↗40
der **Leut|nant**, die Leutnants
Lewis (↗ Ludwig)
das **Le|xi|kon**, die Lexika
Liane (↗ Juliane)
die **Li|bel|le**, die Libellen
das **Licht**, die Lichter,
die Lichtung
das **Lid** (Augendeckel),
die Lider, aber: das ↗ Lied
Lida (↗ Ludmilla)
die **Lie|be**,
die Liebhaberei
Liebegard, Liebgard *(alte deutsche Namen: liob = lieb)*
lie|ben, sie liebte, lieb,
lieber, der Liebling
das **Lied**, die Lieder,
aber: das ↗ Lid
lie|der|lich
lie|fern, er lieferte,
die Lieferung

lie|gen, sie lag, gelegen,
die Liege
Lieselotte, Liselotte
(↗ Elisabeth, Charlotte)
der **Lift**, die Lifte
die **Li|ga**, die Ligen
li|la*
die **Li|lie**, die Lilien
der **Li|li|pu|ta|ner**,
die Liliputanerin,
die Liliputaner
Lilli, Lilly, Lili, Lill, Lilian, Liliane (↗ Elisabeth)
die **Li|mo|na|de**, die Limonaden
(kurz: Limo)
Lina (*Kurzform* ↗ Carolina)
die **Lin|de**, die Linden
Linde, Linda *(alte deutsche Namen: Volk + Schild)*
lin|dern, er linderte,
die Linderung
das **Li|ne|al***, die Lineale
die **Li|nie**, die Linien, liniert
links*, die linke Seite,
der Linkshänder, linkisch
das **Li|no|le|um**

Ich liebe dich!
F: Je t'aime *(~~sche~~ tähme)*; **GB: I love you** *(ei law juh)*; **I: Ti amo**;
E: Te quiero *(te kjero)*; **DK: Jeg elsker dig** *(jej elsker dai)*; **NL: Ik hou van jouw!** *(ick hau van jau)*; **SKr: Ja te volim**; **GR: σ' αγαπώ** (sprich: *sagapó*);
TR: Seni seviyorum! *(ßeni ßevijorum)*

Linus

die **Lin|se**, die Linsen
Linus *(So hieß ein Sohn eines griechischen Gottes.)*
die **Lip|pe**, die Lippen
Lisa, Liesa, Lisbeth, Liz, Liesbeth, Lisette, Lissy (↗ Elisabeth)
lis|peln, sie lispelte
die **List**, die Listen, listig
die **Lis|te**, die Listen
der/das **Li|ter**, drei Liter (3 l)
die **Li|te|ra|tur**
live senden
lo|ben, er lobte, das Lob
das **Loch** ↗51, die Löcher, lochen, löch(e)rig
die **Lo|cke** ↗43, die Locken, lockig
lo|cken, sie lockte
lo|cker, lockern
lo|dern, es loderte
der **Löf|fel***, die Löffel, löffeln
die **Lo|gik**, logisch
der **Lohn**, die Löhne, lohnen
die **Loi|pe**, die Loipen
das **Lo|kal**, die Lokale
die **Lo|ko|mo|ti|ve** (kurz: Lok), die Lokomotiven
der **Lol|li** (Süßigkeit am Stiel)

Loni, Lonni, Lony, Lonny *(wie eine Löwin, die dem Gott Apollo geweiht ist – Ursprung griechisch)*
die **Lo|re**, die Loren
Lore (↗ Eleonore)
Lorenz (↗ Laurentius)
Loretta, Lorette, Loritta (↗ Eleonore)
los
das **Los**, die Lose, losen
lö|schen, sie löschte, das Löschblatt
lo|se
lö|sen, er löste, die Lösung
das **Lot**, die Lote
lö|ten, er lötete
Lothar *(alter deutscher Name: Heer + berühmt)*
der **Lot|se**, die Lotsen, lotsen
Lotte, Lotti (↗ Charlotte)
die **Lot|te|rie**, das Lotto
der **Lö|we***, die Löwen
der **Lö|wen|zahn**
Luca (↗ Lukas)
der **Luchs**, die Luchse
Lucia, Lucie, Lucy, Luzia, Lucius *(glänzender Mensch – römischer Ursprung)*
die **Lü|cke**, die Lücken
Ludmilla *(die dem Volk lieb ist – Ursprung slawisch)*

Luzie

Ludwig, Lutz
(alte deutsche Namen: Kampf + berühmt)
GB: Lewis (sprich: *luiß*)
F: Louis (sprich: *lui*)
E: Luis
I: Luigi (sprich: *luidschi*), **Ludovico**
DK: Ludvig
NL: Lodewik
Frauennamen:
Louise, Louisa, Luise, Luisa, Lu

die **Luft**, die Lüfte
lü|gen, sie log, die Lüge
Lukas *(römisch: Mann aus der Landschaft Lukania)*
die **Lu|ke**, die Luken
der **Lüm|mel**, die Lümmel
der **Lump** (schlechter Mensch), die Lumpen
der **Lum|pen** (Lappen), die Lumpen
lum|pig
die **Lun|ge**, die Lungen, die Lungenentzündung
lun|gern, er lungerte
die **Lu|pe**, die Lupen
lüp|fen, sie lüpfte
die **Lu|pi|ne**, die Lupinen
der **Lurch**, die Lurche
die **Lust**, die Lüste, lustig*
lut|schen, er lutschte, der Lutscher
Lu|xem|burg, die Luxemburger, luxemburgisch
der **Lu|xus**, das Luxushotel
Luzie *(die Glänzende – Ursprung römisch)*
Lydia, Liddy *(Frau aus Lydien – Ursprung griechisch)*
die **Ly|rik**, lyrisch

Lügen wie gedruckt
Wer sagen will, dass ein anderer besonders grob und unverschämt lügt, der sagt: „Er lügt wie gedruckt.“ Besonders in manchen Zeitungen wird ja wirklich manchmal frech gelogen. In dieser Redensart wird dieses Lügen in Druckwerken bewusst übertrieben verallgemeinert.

Malte

M

Mabel (sprich: *mäibl*)
(die Liebenswürdige – englisch)
ma|chen, sie machte
mäch|tig, die Macht
das **Mäd|chen***, die Mädchen
die **Ma|de**, die Maden
die **Magd**, die Mägde
Magdalena, Magdalene, Madeleine (sprich: *madlän*)
(biblisch: Maria aus dem Ort Magdala)
der **Ma|gen**, die Mägen oder: die Magen
ma|ger
der **Ma|gnet**, die Magnete, magnetisch
Magnus *(römisch – der Große)*
mä|hen, er mähte
das **Mahl**, die Mahlzeit ↗45,
aber: das ↗ Mal
mah|len, er mahlte Mehl
Mäh|ne, die Mähnen
mah|nen, sie mahnte, die Mahnung

der **Mai***
Maik, Maike (↗ Mike, Meike)
der **Mais**
die **Ma|jes|tät**, die Majestäten
der **Ma|kel**
der **Mak|ler**, die Makler
das **Make-up** (sprich: *mäik-ap*)
mal; komm mal!

> **klein und zusammen:**
> auf einmal, noch einmal, diesmal, manchmal, hundertmal
> **groß und getrennt:**
> das erste Mal, jedes Mal, das nächste Mal, mit einem Mal
> **freie Wahl:** ein paarmal/ ein paar Mal

das **Mal**, die Male,
aber: das ↗ Mahl
ma|len, sie malte, der Maler, die Malerin
Malte *(alter dänischer Name: Helm + Schutz)*
Malvine, Malwine *(alter schottischer Name: Freund)*
die **Ma|ma**, die Mamas
das **Mam|mut**, die Mammuts

Magnet
In der griechischen Landschaft Magnesia fand man früher besondere „Steine". Viele Sprachen „wissen" es noch: **D: Magnet**; **GB: magnet**; **F: aimant** *(äman)*; **NL: magneet** *(machneet)*; **TR: mıknatıs**; **DK: magnet** *(mauneet)*; **PL: magnes**; **CZ: magnet**; **E: imán**

Marietta

man, aber:
der ↗ Ma<u>nn</u>
der **Ma|na|ger**,
die Manager
manch, manche, mancher
manch|mal*
die **Man|da|ri|ne**,
die Mandarinen
die **Man|del**, die Mandeln
Mandy *(die Liebenswerte – englisch)*
die **Ma|ne|ge** (sprich: *mane~~sch~~e*),
die Manegen
Manfred *(alter deutscher Name: Mann + Friede)*
der **Man|gel** (Fehler),
die Mängel, mangelhaft
die **Man|gel** (Glättrolle für Wäsche), die Mangeln
der **Mann*** ↗38, die Männer,
die Mannschaft, männlich
Manon (↗ Maria)
das **Ma|nö|ver**, die Manöver
der **Man|tel***, die Mäntel
Manuel, Manuela (↗ Emanuel)
die **Map|pe**, die Mappen
Marc, Marcel, Marco, Marcus, Marek, Marcellus, Marcella (↗ Markus)
das **Mär|chen**, die Märchen
der **Mar|der**, die Marder

Marei, Mareike (↗ Maria)
Maren (↗ Marina)
Margarete, Margaret, Margret, Marga, Margot, Margit, Margarita, Marit, Margitta, Meta *(Perle – Ursprung griechisch)* **GB: Margaret** (sprich: *margerit*), **Margery** (sprich: *mard~~sch~~eri*), **Maggie** (sprich: *mäggi*), **Meggy** (sprich: *mäggi*) **F: Marguerite** (sprich: *margerit*) **I: Margherita, Marghitta** **DK: Margarete**

Maria, Marie, Mariane, Marianne, Marieke, Mia, Mareike, Marion, Mariella, Marita, Marietta, Maritta, Marika, Maura, Mascha *(Name der Jesus-Mutter, Bedeutung unklar)*
Friesisch: Meike, Maike
GB: Mary (sprich: *märi*), **Molly, May** (sprich: *mej*), **Maureen** (sprich: *mårien*)
F, DK: Marie **I: Maria**
PL: Mária
die **Mar|ga|ri|ne**
die **Mar|ge|ri|te**,
die Margeriten
Marianne (↗ Maria, Anna)

A B C D E F G H I J K L **M** N O P Q R S T U V W X Y Z

A B C D E F G H I J K L **M** N O P Q R S T U V W X Y Z

Mascha

Marina *(am Meer lebend – römisch)*

die **Ma|ri|ne**

Mario, Marius *(aus der berühmten Familie der Marier – Ursprung römisch)*

die **Mark** (früher unser Geld)

das **Mark** (in Knochen und Pflanzenstielen)

die **Mark** (Grenzland)

die **Mar|ke**, die Marken

mar|kie|ren, er markierte

der **Markt***, die Märkte

Markus, Mark, Marko *(nach Mars, dem römischen Kriegsgott)*

Marleen, Marlen, Marlene (↗ Maria, Lene)

Marlies, Marlis (↗ Maria, Elisabeth, Luise)

die **Mar|me|la|de***

der **Marsch**, marschieren

Martha, Marta *(biblisch: Herrin)*

Martin, Martina, Martine *(römisch: kämpferischer Mensch)*

Marvin *(alter englischer Name: berühmter Freund)*

der **März***

das **Mar|zi|pan**

Mascha *(russisch* ↗ Maria)

die **Ma|sche**, die Maschen

die **Ma|schi|ne**, die Maschinen, maschinell

die **Ma|sern**

die **Mas|ke**, die Masken, maskieren

das **Mas|kott|chen**, die Maskottchen

das **Maß**, die Maße

die **Mas|sa|ge**, die Massagen

die **Mas|se** ↗41, die Massen, massig

mas|sie|ren, er massierte

mä|ßig

Massimiliano *(italienische Form von* ↗ Maximilian)

mas|siv

die **Maß|nah|me**, die Maßnahmen

der **Maß|stab**, die Maßstäbe

der **Mast** (Schiff), die Masten

die **Mast** (Tiere), mästen

das **Ma|te|ri|al**, die Materialien

die **Ma|the|ma|tik**

die **Ma|trat|ze**, die Matratzen

der **Ma|tro|se**, die Matrosen

der **Matsch**, matschig

matt, ich bin matt

die **Mat|te**, die Matten

Matthias, Mattias, Mathis, Matti, Mattis *(Geschenk Gottes – hebräisch)*

Mehmet

die **Mau|er**, die Mauern, mauern
das **Maul** ↗42, die Mäuler
der **Maul|wurf**, die Maulwürfe
der **Mau|rer**, die Maurer
Maurice (↗ Moritz)
die **Maus***, die Mäuse
Maximilian, Max, Maxi, Maximiliane *(aus der Familie Maximinus – römisch)*
der **Me|cha|ni|ker**, die Mechaniker
Mechthild (↗ Hilde)
me|ckern ↗8, sie meckerte
Meck|len|burg-Vor|pom|mern
die **Me|dail|le**, die Medaillen
die **Me|di|en** (Einzahl: das Medium)
das **Me|di|ka|ment**, die Medikamente
die **Me|di|zin**, die Mediziner, medizinisch
das **Meer***, die Meere
der **Meer|ret|tich**, die Meerrettiche
me|ga..., mega-out
das **Mehl**
Mehmet *(türkisch* ↗ Mohammed)

mehr, mehrere
mehr|fach
die **Mehr|heit**, die Mehrheiten
mehr|mals
die **Mehr|zahl**
mei|den, er mied
mein*
mei|nen ↗1, sie meinte, die Meinung
mei|net|we|gen
Meinhard, Meinhild, Meinhold, Meinolf, Meinrad, Meinulf
(Darin steckt ein altes deutsches Wort für Kraft, Tüchtigkeit.)
die **Mei|se**, die Meisen
meist, meistens, am meisten
der **Meis|ter**, die Meisterin, die Meister, meisterhaft, die Meisterschaft
Melanie *(dunkelfarbig – französisch, Ursprung griechisch)*
Melchior *(König des Lichts – hebräisch)*
mel|den, er meldete, die Meldung
Melina *(Frau von der Insel Melos – Ursprung griechisch-römisch)*
Melissa, Melitta *(Biene – griechischer Ursprung)*

Miguel

mel|ken, sie molk (auch: sie melkte), gemolken, die Molkerei
die **Me|lo|die**, die Melodien, melodisch
die **Me|lo|ne**, die Melonen
Merlin *(aus dem Englischen; Merlin war Ratgeber des sagenhaften Königs Artus)*
die **Men|ge**, die Mengen
der **Mensch** ↗40, die Menschen, die Menschheit, menschlich
das **Me|nü**, die Menüs
mer|ken, er merkte, merkwürdig
das **Merk|mal**, die Merkmale
Merle *(Amsel – Ursprung englisch)*
die **Mes|se**, die Messen (1. katholische Feier, 2. Verkaufsausstellung, 3. Jahrmarkt)
mes|sen, sie misst, sie maß; Miss!
das **Mes|ser***, die Messer
das **Me|tall**, die Metalle, metallisch
der **Me|te|or**, die Meteore, die Meteorologie
der/das **Me|ter**, drei Meter (3 m)
die **Me|tho|de**, die Methoden
der **Metz|ger**, die Metzger
meu|tern, er meuterte, die Meuterei
Mia (*Kurzform von* ↗ Maria)
mich, ich freue mich
Michael, Michail, Michel, Miguel, Mikael, Mikail, Mischa *(biblisch: Wer ist wie Gott?)*
Frauennamen:
Michaela, Michele, Michèle, Micheline, Michelle (↗ Michael)
die **Mi|cky|maus**
der **Mief**, miefig

Viele Meyer-Namen
Früher gab es nur wenige Städte. Die meisten Menschen lebten in Dörfern. So entstanden viele bäuerliche Namen, z. B.: Bauer, Baumann, Ackermann, Bauknecht. Viele Bauern arbeiteten auf Land, das Adligen oder dem Staat gehörte. Solche Bauern nannte man Meyer. Wie viele Meyer es gab, merkt man noch heute an Familiennamen: Meyer/Meier/Mayer/Maier.

Milena

die **Mie|ne** (Gesichts-ausdruck), die Mienen, aber: die ↗ Mine

die **Mie|te**, die Mieten, mieten, die Mieter

Mike (*englisch* ↗ Michael)

das **Mi|kro|fon/Mi|kro|phon**, die Mikrofone

das **Mi|kro|skop**, die Mikroskope

Mila, Milena (↗ Ludmilla)

die **Milch***, milchig

mild, die Milde, mildern

das **Mi|li|tär**, militärisch

die **Mil|li|ar|de**, drei Milliarden (3 Md. oder 3 Mrd.)

das **Mil|li|gramm** (Zeichen: mg)

er/das **Mil|li|me|ter**, drei Millimeter (3 mm)

die **Mil|li|on**, drei Millionen (3 Mill. oder 3 Mio.)

der **Mil|li|o|när**, die Millionäre

min|der, die Minderheit

min|des|tens

die **Mi|ne**, die Minen (1. Bleistiftmine, 2. Berg-werk, 3. Sprengkörper), aber: die ↗ Miene

das **Mi|ne|ral**, die Mineralien

Mi|ni|golf

mi|ni|mal, das Minimum

der **Mi|nis|ter**, die Ministerin, die Minister

mi|nus (weniger)

das **Mi|nus** (Fehlbetrag)

die **Mi|nu|te**, die Minuten

mir gefällt das

Mirabella, Mira, Mirella (*die Wunderbare – italienisch*)

Mirco, Mirko (*alter slawi-scher Name: Friede + Ruhm*)

Mireille (sprich: *mirej*) (*französisch* ↗ Mirabella)

Miriam (*die Ungezähmte – hebräisch*)

Mischa (*russisch* ↗ Michael)

mi|schen, sie mischte, die Mischung, der Mischling

miss|ach|ten, die Missachtung

der **Miss|er|folg**, die Misserfolge

er **misst** (↗ messen), aber: der ↗ Mist

miss|trau|en, das Misstrauen

miss|ver|ste|hen, das Missverständnis

der **Mist**, aber: sie ↗ misst

mit

A B C D E F G H I J K L M N O P Q R S T U V W X Y Z

Mona

A B C D E F G H I J K L **M** N O P Q R S T U V W X Y Z

der **Mit|ar|bei|ter**,
die Mitarbeiterin
mit|ei|nan|der
das **Mit|glied**, die Mitglieder
das **Mit|leid**, mitleidig
der **Mit|tag**, die Mittage
(Suchst du etwas? ↗ Abend)
die **Mit|te**, die Mitten,
mitten im Zimmer
mit|tei|len, die Mitteilung
das **Mit|tel**, die Mittel
mitt|ler|wei|le
der **Mitt|woch***, die Mittwoche
(Suchst du etwas? ↗ Dienstag)
mi|xen, er mixte,
der Mixer
die **Mö|bel**, möblieren
sie **moch|te** (↗ mögen)
die **Mo|de**, die Moden,
modisch
das **Mo|dell**, die Modelle
der **Mo|der**, modern (erste
Silbe betont: verfaulen)
mo|dern (zweite Silbe
betont: aktuell)
das **Mo|fa**, die Mofas
mo|geln, sie mogelte

mö|gen, sie mag,
sie mochte, sie möchte
die **Mög|lich|keit**,
die Möglichkeiten, möglich
mög|lichst
Mohammed *(arabisch: der Lobenswerte; Name des Propheten)*
der **Mohn**
die **Möh|re***, die Möhren
der **Molch**, die Molche
die **Mol|ke|rei**, die Molkereien
mol|lig ↗ 60
der **Mo|ment**,
die Momente ↗ 55
Mona *(englisch: die Edle)*
der **Mo|nat***, die Monate,
monatlich
der **Mönch**, die Mönche
der **Mond***, die Monde
Monika, Monica, Moni,
Monique *(Einsiedlerin – Herkunft griechisch/römisch)*
der **Mo|no|log**, die Monologe
das **Mo|no|pol**, die Monopole
das **Mons|ter**, die Monster
der **Mon|tag***, die Montage
(Suchst du etwas? ↗ Dienstag)

„Guten Morgen!" in Europa
TR: Merhaba!; **I: Buongiorno!** *(buon ~~dsch~~ornoh)*; **DK: God morgen!** *(go' mån)*; **GB: Good morning!** *(gud morning)*; **F: Bonjour!** *(b~~on sch~~uhr)*; **NL: Goede morgen!** *(guhde morchen)*; **SKr: Dobar dan!**; **E: ¡Buenos días!**

Moshe

das **Moor**, die Moore
das **Moos**, die Moose
das **Mo|ped**, die Mopeds
der **Mops**, die Möpse
die **Mo|ral**, moralisch
der **Mo|rast**
der **Mord**, die Morde, morden, der Mörder
mor|gen* früh
der **Mor|gen***, die Morgen
(Suchst du etwas? ↗ Abend)
der **Mor|gen** Land, die Morgen (alte Maßeinheit)
Moritz, Morris *(der Schwarze aus Mauretanien – römisch)*
morsch
der **Mör|tel**
Morten *(dänisch* ↗ Martin)
das **Mo|sa|ik**
die **Mo|schee**, die Moscheen
Moshe *(Form des biblischen Namens Mose)*
der **Mos|ki|to**, die Moskitos
der **Most**, die Moste
der **Mos|trich**
das **Mo|tel**, die Motels
das **Mo|tiv**, die Motive
der **Mo|tor**, die Motoren
das **Mo|tor|rad***, die Motorräder
die **Mot|te**, die Motten
das **Mot|to**, die Mottos
das **Moun|tain|bike** (sprich: *mauntenbaik*)
die **Mö|we**, die Möwen
die **Mü|cke**, die Mücken
mucks|mäus|chen|still
mü|de*, die Müdigkeit
die **Mü|he**, die Mühen, sich mühen, mühsam
die **Müh|le**, in Mühlen wird Mehl gemahlen
die **Mul|de**, die Mulden
der **Müll**, der Mülleimer
der **Mül|ler**, die Müller
die **Mul|ti|pli|ka|ti|on**
der **Mumps**
der **Mund*** ↗42, die Münder, mündlich
mün|den, er mündete, die Mündung
die **Mund|har|mo|ni|ka**, die Mundharmonikas
die **Mu|ni|ti|on**
mun|ter, die Munterkeit
die **Mün|ze**, die Münzen
mür|be
Muriel *(glänzende See – irisch)*
die **Mur|mel**, die Murmeln
mur|meln ↗7, sie murmelte
mur|ren, er murrte
das **Mus**

A B C D E F G H I J K L M N O P Q R S T U V W X Y Z

Nadja

A B C D E F G H I J K L M N O P Q R S T U V W X Y Z

die **Mu|schel**, die Muscheln
das **Mu|se|um**, die Museen
das **Mu|si|cal**, die Musicals
die **Mu|sik***, musizieren, musikalisch
der **Mus|kel**, die Muskeln
die **Mu|ße**, müßig
müs|sen, er musste
das **Mus|ter**, die Muster
mus|tern ↗3, sie musterte
der **Mut**, mutig, mutwil|lig
die **Mut|ter***, die Mütter, mütterlich
die **Mut|ter** (für Schrauben), die Muttern
die **Müt|ze***, die Mützen

N

die **Na|be**, die Naben
der **Na|bel**, die Nabel
nach|ah|men, er ahmte nach
der **Nach|bar**, die Nachbarn, die Nachbarschaft
je **nach|dem**
nach|ei|nan|der
die **Nach|er|zäh|lung**, die Nacherzählungen
nach|ge|ben, nachgiebig
nach Hau|se gehen
nach|läs|sig, die Nachlässigkeit
der **Nach|mit|tag***, die Nachmittage
(Suchst du etwas? ↗ Abend)
die **Nach|richt**, die Nachrichten
nach|se|hen, die Nachsicht
nach|sit|zen
näch|st, der nächste Tag

groß: als Nächstes gibt es …
Der Nächste, bitte!
Liebe deinen Nächsten!
klein: nächstes Mal

Mutter
D: Mutter; **GB: mother** *(maðr)*; **E: madre**; **I: madre**; **NL: moeder** *(mooder)*; **DK: mor** *(mödre)*; **Skr: majka**; **PL: matka**; **CZ: matka**; **F: mère** *(mähr)*; **Lateinisch: mater**. Das kann doch kein Zufall sein!

Nante

die **Nächs|ten|lie|be**
die **Nacht***, die Nächte, über Nacht, der Nachtdienst (Suchst du etwas? ↗ Abend)
der **Nach|teil**, die Nachteile, nachteilig
die **Nach|ti|gall**, die Nachtigallen
der **Nach|tisch** (beim Essen)
nach|träg|lich
der **Nacht|tisch** (am Bett), die Nachttische
der **Na|cken**, die Nacken
nackt, nackend
die **Na|del**, die Nadeln
Nadine, Nadja, Nadeschda *(Hoffnung – russisch)*
der **Na|gel**, die Nägel, nageln
na|gen, sie nagte, das Nagetier
nah, **na|he**, näher, die Nähe, sich nähern
nä|hen, er nähte
die **Nah|rung**, nahrhaft
das **Nah|rungs|mit|tel**, die Nahrungsmittel
die **Naht**, die Nähte
na|iv, die Naivität
der **Na|me**, die Namen
näm|lich

Nana, Nanna *(eine nordische Göttin oder: Form von* ↗ Anna)
Nanette (↗ Annette)
Nante *(friesisch:* ↗ Ferdinand)
der **Napf**, die Näpfe
die **Nar|be**, die Narben
die **Nar|ko|se**, die Narkosen
der **Narr**, die Narren, närrisch
die **Nar|zis|se**, die Narzissen
na|schen, er naschte
die **Na|se***, die Nasen, das Nasenbluten, naseweis
das **Nas|horn**, die Nashörner
nass*, die Nässe, nasskalt
Natalie, Nathalie, Natascha *(zu Weihnachten geboren – römisch)*
die **Na|ti|on**, die Nationen, national
die **Na|tur**, natürlich
n. Chr. (= nach Christus)
der **Ne|bel***, die Nebel, neb(e)lig
ne|ben, die Nebensache
ne|ben|ei|nan|der
ne|cken, sie neckte
der **Nef|fe**, die Neffen
ne|ga|tiv, das Negativ
neh|men ↗ 24, sie nimmt, er nahm, hat genommen; Nimm!
der **Neid**, neidisch, neidlos

A B C D E F G H I J K L M N O P Q R S T U V W X Y Z

Nicole

nei|gen,
sie neigte,
die Neigung

nein / Nein* sagen

die **Nek|ta|ri|ne**, die Nektarinen

die **Nel|ke**, die Nelken

Nelli, Nelly (↗ Ellen, Helene)

nen|nen, er nannte

der **Nerv**, die Nerven

ner|vös, die Nervosität

die **Nes|sel**, die Nesseln

das **Nest***, die Nester

nett*

net|to, der Nettolohn

das **Netz**, die Netze

neu*

> **freie Wahl:**
> von neuem/Neuem
> seit neuestem/Neuestem
> **groß:** immer aufs Neue
> das Neue Testament
> Was gibt es Neues?

die **Neu|gier** oder: die Neugierde, neugierig

das **Neu|jahr**

neu|lich

neun*, neunzehn, neunzig
(Suchst du etwas? ↗ acht)

nicht

die **Nich|te**, die Nichten

nichts, gar nichts

Nick, Niclas, Nico, Nicole, Nicolette (↗ Nikolaus)

ni|cken, sie nickte

nie wieder

nie|der, auf und nieder,
die Niederung,
die Niederlage

die **Nie|der|lan|de**

sich **nie|der|las|sen** ↗ 22

Nie|der|sach|sen

der **Nie|der|schlag**,
die Niederschläge

nied|lich

nied|rig

nie|mals

nie|mand, niemanden beleidigen

Nervenflattern

Witzige Leute haben allerlei Wortspiele für schwache Nerven erfunden. Beispiele: Dem flattern die Nerven. Er hat poröse Nerven. Sie ist mit den Nerven durcheinander. Sie ist mit den Nerven fertig. Ihr gehen die Nerven durch. Es geht mir an den Nerv. Sie leidet an zerfransten Nerven. Das raubt mir den letzten Nerv. Der Kerl spielt auf ihren Nerven Klavier. Der eine ist ein Nervenbündel, der andere hat Nerven wie Stahlseile. Das nervt mich.

Niels

die **Nie|re**, die Nieren

nie|seln, es nieselte

nie|sen, er nieste

die **Nie|te**, die Nieten (1. Los ohne Gewinn, 2. Metallstift)

Nikolaus, Niko, Niklaus, Niklas, Nicola *(alter griechischer Name: Sieg + Volk)*

das **Ni|ko|tin**

das **Nil|pferd***, die Nilpferde

Nils, Niels *(niederdeutsche und skandinavische Form von* ↗ Nikolaus)

Nina *(Kurzform von Namen mit -nina)*

nir|gends, nirgendwo

die **Ni|sche**, die Nischen

nis|ten, sie nistete

das **Ni|veau** (sprich: *niwoh*), die Niveaus

die **Ni|xe**, die Nixen

noch, noch einmal, noch mal, nochmals

der **No|ma|de**, die Nomaden

das **No|men**, die Nomen

der **No|mi|na|tiv** (1. Fall)

die **Non|ne**, die Nonnen

Nora, Norina (↗ Eleonore)

Norbert *(alter deutscher Name: im Norden berühmt)*

der **Nor|den**, der Nordpol

Nord|rhein-West|fa|len

die **Nord|see**

nör|geln, er nörgelte

die **Norm**, die Normen, normal

Norma *(göttliches Gebot – englisch; römische Herkunft)*

Nor|we|gen, die Norweger, norwegisch

die **Not**, die Nöte

die **No|te**, die Noten (1. in der Musik, 2. Zensur, 3. Banknote)

nö|tig

die **No|tiz**, die Notizen, notieren

not|wen|dig, die Notwendigkeit

der **No|vem|ber***

im **Nu**

nüch|tern

die **Nu|del**, die Nudeln

null Fehler, die Null

die **Num|mer**, die Nummern

num|me|rie|ren, sie nummerierte

nun

nur

die **Nuss**, die Nüsse

der **Nut|zen**, wir nutzen es

nüt|zen, es nützte, nützlich

das **Ny|lon**

O

Odile

ob, obgleich
oben
der **Ober**, die Ober
die **Ober|flä|che**, die Oberflächen, oberflächlich
ober|halb
das **Ober|haupt**
das **Ob|jekt**, die Objekte
das **Obst***
ob|wohl
der **Och|se**, die Ochsen
Octavia, Oktavia *(römisch: aus der Familie der Octavier)*
Oda, Odette, Odile, Odilie, Odo *(alte deutsche Namen: Reichtum + Friede)*
öde
oder
der **Ofen**, die Öfen
of|fen
of|fen|sicht|lich
öf|fent|lich
of|fi|zi|ell
der **Of|fi|zier**, die Offiziere
öff|nen ↗29, er öffnete, die Öffnung
oft
oh|ne
die **Ohn|macht**, ohnmächtig

das **Ohr***, die Ohren
die **Ohr|fei|ge**, die Ohrfeigen
okay (kurz: o.k.)
die **Öko|lo|gie**
der **Ok|to|ber***
das **Öl**, die Öle, ölen, ölig
Olaf, Olof, Oluf *(alter norwegischer Königsname)*
Ole (↗ Ulrich)
Olga (*russisch* ↗ Helga)
die **Oli|ve**, die Oliven
Oliver, Olivier, Olivia, Olli *(Olivenbaum – berühmter französischer Rittername)*
Olympia *(Frau vom Berg Olymp in Griechenland)*
die **Olym|pi|schen Spie|le**, die Olympiade
die **Oma***, die Omas
Omar, Ömer *(Kalif Omar war ein Gefolgsmann Mohammeds.)*
der **Om|ni|bus**, die Omnibusse
der **On|kel***, die Onkel oder: die Onkels
der **Opa***, die Opas
die **Oper**, die Opern
die **Ope|ra|ti|on**, die Operationen, operieren
das **Op|fer**, die Opfer, opfern
die **Op|tik**, der Optiker
der **Op|ti|mis|mus**, die Optimisten, optimistisch

Oskar

oran|ge* (Farbe)
die **Oran|ge**, die Orangen
das **Or|ches|ter**, die Orchester
or|dent|lich, die Ordnung
ord|nen, sie ordnete
das **Or|gan**, die Organe
die **Or|ga|ni|sa|ti|on**, die Organisationen
or|ga|ni|sie|ren
die **Or|gel**, die Orgeln
sich **ori|en|tie|ren**, sie orientierte sich, die Orientierung
das **Ori|gi|nal**, die Originale
der **Or|kan**, die Orkane
Ornella, Ornello *(italienisch: die Esche)*
der **Ort**, die Orte, die Ortschaft, örtlich
Orthild, Ortlieb, Ortrud, Ortrun, Ortwin *(Ort hieß bei den Germanen die Spitze ihrer Waffen.)*

die **Öse** ↗51, die Ösen
Oskar, Oscar *(altdeutsch-keltisch: Gott + Speer)*
der **Os|ten**, östlich
Os|tern*, österlich
Ös|ter|reich, österreichisch, die Österreicher
die **Ost|see**
Otto *(Darin steckt ein germanisches Wort für Reichtum.)*
oval (sprich: *owal*)
der **Oze|an**

Besondere Familiennamen
Vor ein paar hundert Jahren nannte man manche Menschen nach Besonderheiten ihres Körpers. Bei der Nase z. B.: Langnese, Naas, Naslos, Nasemann; beim Mund: Schnut, Schnutgen, Süßmund, Breitmaul, Kussmaul, Schnabel; bei Ohren: Öhrle, Schmalohr, Hangohr; bei Backen: Dünnebacke, Fettback. Wer es nicht glaubt, findet diese Namen in jedem Telefonbuch einer Großstadt. (Siehe auch Seite 68.)

A B C D E F G H I J K L M N **O** P Q R S T U V W X Y Z

P

Pamela

ein **paar** Tage lang
das **Paar** Schuhe, zwei Paare, ein Pärchen
die **Pacht**, die Pachten, der Pächter, pachten
das **Päck|chen**, die Päckchen
pa|cken, sie packte, der Packen, die Packung
die **Pä|da|go|gik**, der Pädagoge, die Pädagogin, die Pädagogen
das **Pad|del**, die Paddel, paddeln
paf|fen, er paffte
das **Pa|ket**, die Pakete
der **Pakt**, die Pakte
der **Pa|last**, die Paläste
das **Pa|la|ver**, die Palaver, palavern
die **Pa|let|te**, die Paletten
die **Pal|me**, die Palmen
Pamela *(die Dunkle – englisch)*
die **Pam|pel|mu|se**, die Pampelmusen
die **Pa|nik**, panisch
die **Pan|ne**, die Pannen
der **Pan|ter / Pan|ther**, die Panter
der **Pan|tof|fel**, die Pantoffeln
die **Pan|to|mi|me**, die Pantomimen
der **Pan|zer**, die Panzer
der **Pa|pa***, die Papas
der **Pa|pa|gei**, die Papageien
das **Pa|pier**, die Papiere
die **Pap|pe**, die Pappen
die **Pap|pel**, die Pappeln
der/die **Pap|ri|ka***
der **Papst**, die Päpste
das **Pa|ra|dies**, die Paradiese
der **Pa|ra|graf / Pa|ra|graph**, die Paragrafen
pa|ral|lel, die Parallele
der **Pa|ra|sit**, die Parasiten
pa|rat
das **Par|füm**, die Parfüms
pa|rie|ren, er parierte
der **Park**, die Parks oder: die Parke
par|ken, sie parkte, der Parkplatz
das **Par|la|ment**, die Parlamente
die **Pa|ro|le**, die Parolen
die **Par|tei**, die Parteien, parteiisch
das **Par|ter|re**
der **Part|ner**, die Partnerin, die Partner
die **Par|ty**, die Partys

A B C D E F G H I J K L M N O P Q R S T U V W X Y Z

Pelle

Pascal, Pascale
(österlicher Mensch – französisch)
der **Pass**, die Pässe (1. Personalausweis, 2. Bergübergang)
der **Pas|sa|gier**, die Passagiere
pas|sen, es passte
pas|sie|ren ↗ 27, es passierte
pas|siv
der **Pas|tor**, die Pastoren
der **Pa|te**, die Paten
das **Pa|tent**, die Patente
der **Pa|ti|ent**, die Patienten
Patrizia, Patricia, Pat, Patrice, Patsy, Patty, Patrick, Patrik
(von altem Adel – englisch; Ursprung römisch)
die **Pa|tro|ne**, die Patronen
die **Pau|ke**, die Pauken, pauken

Paul *(kleiner Mensch – römisch)*
F: **Paul** (sprich: *poll*)
GB: **Paul** (sprich: *påhl*)
I: **Paolo** E: **Pablo**
NL: **Paulus** DK: **Poul**
PL: **Paweł** (sprich: *paweou*)
Frauennamen: **Paula, Pauline**
F: **Paulette** (sprich: *polett*)
die **Pau|se**, die Pausen
pau|sen, er pauste
der **Pa|vi|an**, die Paviane
der **PC** (Personalcomputer)
das **Pech**, der Pechvogel
das **Pe|dal**, die Pedale
der **Pe|gel**
Peggy *(englisch* ↗ Margarete)
die **Pein**, peinigen, der Peiniger, peinlich
die **Peit|sche**, die Peitschen
die **Pel|le**, die Pellen, pellen
Pelle *(schwedisch* ↗ Peter)
der **Pelz**, die Pelze

Pechvogel
Früher haben Vogelfänger ihre Opfer gefangen, indem sie Pech auf Zweige im Gebüsch schmierten. Wenn ein Vogel das Unglück hatte, sich darauf zu setzen, blieb er daran kleben. Er war ein „Pechvogel“. Heute nennt man Menschen, die Unglück haben, „Pechvögel“. Sie haben „Pech“. (Ein berühmter, aber etwas schlichter Fußballspieler sprach mal nach einem unglücklichen Spiel ins Mikrofon: „Erst hat man kein Glück, und dann kommt auch noch Pech dazu.“)

Pedro

das **Pen|del**,
die Pendel,
pendeln,
die Pendler
der **Pe|nis**, die Penisse
Penny *(englische Form des griechischen Namens Penelope)*
die **Pen|si|on**, die Pensionen
per|fekt
das **Per|fekt**
die **Pe|ri|o|de**, die Perioden
die **Per|le**, die Perlen
das **Per|lon**
Perry *(der Fremde – römisch)*
die **Per|son** ↗40,
die Personen, die Persönlichkeit, persönlich
das **Per|so|nal**
die **Pe|rü|cke**, die Perücken
der **Pes|si|mis|mus**,
der Pessimist,
pessimistisch
Peter, Pete, Pit, Pitt, Piet
(Fels – Ursprung griechisch)
GB: Peter (sprich: *pieta*)
F: Pierre (sprich: *piähr*)
DK: Peer, Peder
E: Pedro PL: Piotr
I: Pietro (sprich: *piätro*),
Piero (sprich: *piäro*)
NL: Piet, Pieter
Frauenname: Petra

die **Pe|ter|si|lie**
das **Pe|tro|le|um**
pet|zen, sie petzte
der **Pfad**, die Pfade
der **Pfahl**, die Pfähle
die **Pfalz**, pfälzisch
das **Pfand**, die Pfänder,
pfänden
die **Pfan|ne**, die Pfannen
der **Pfar|rer**, die Pfarrerin,
die Pfarrer
der **Pfau**, die Pfauen
der **Pfef|fer**, pfeffern
die **Pfef|fer|min|ze**
die **Pfei|fe**, die Pfeifen
der **Pfeil**, die Pfeile
der **Pfei|ler**, die Pfeiler
der **Pfen|nig**, die Pfennige
das **Pferd***, die Pferde
der **Pfiff**, die Pfiffe
der **Pfif|fer|ling**, die Pfifferlinge
pfif|fig
Pfingst|ten
der **Pfir|sich***, die Pfirsiche
die **Pflan|ze**, die Pflanzen,
pflanzen
das **Pflas|ter**, die Pflaster
(1. Wundpflaster, 2. Steinpflaster)
die **Pflau|me***, die Pflaumen
pfle|gen, sie pflegte,
die Pflege

Pinar

die **Pflicht**, die Pflichten
pflü|cken, er pflückte
der **Pflug**, die Pflüge, pflügen
die **Pfor|te** ↗47, die Pforten, der Pförtner
der **Pfos|ten**, die Pfosten
die **Pfo|te** ↗44, die Pfoten
der **Pfrop|fen**, die Pfropfen
pfui
das **Pfund** (kurz: Pfd.), die Pfunde
pfu|schen, er pfuschte
die **Pfüt|ze**, die Pfützen
die **Phan|ta|sie**, phantastisch, auch: Fantasie
das **Phan|tom**, die Phantome
Philipp, Philippe, Philip, Phil, Felipe *(griechisch: Pferdefreund)*
Frauennamen: Philippine, Philippa
die **Phy|sik**, physikalisch
Pia *(römisch: die Fromme)*
der **Pi|ckel**, die Pickel
pi|cken, es pickte
das **Pick|nick**
pie|pen, es piepte
piep|sen, es piepste
pi|kant
der **Pil|ger**, die Pilger

die **Pil|le**, die Pillen
der **Pi|lot**, die Pilotin, die Piloten
der **Pilz***, die Pilze
Pinar *(türkisch: die Quelle)*
der **Pin|gu|in**, die Pinguine
pink*, pinkfarben
die **Pinn|wand**
der **Pin|sel***, die Pinsel, pinseln
die **Pin|zet|te**, die Pinzetten
der **Pi|rat**, die Piraten
pir|schen, er pirschte, die Pirsch
die **Pis|te**, die Pisten
die **Pis|to|le**, die Pistolen
die **Piz|za**, die Pizzen oder: die Pizzas
die **Pla|ge**, die Plagen, sich plagen
das **Pla|kat**, die Plakate
die **Pla|ket|te**, die Plaketten
der **Plan**, die Pläne
die **Pla|ne**, die Planen
pla|nen, sie plante
der **Pla|net**, die Planeten
plan|schen/plant|schen, er planschte/plantschte
plap|pern, er plapperte
plär|ren, es plärrte
der **Plast** oder: die Plaste
die **Plas|tik** (Bildhauerkunst)
das **Plas|tik** (Kunststoff)

Primo

plät|schern, es plätscherte
platt
das **Platt**, sie spricht Platt
die **Plat|te**, die Platten
der **Plat|te**, er hat einen Platten
plät|ten, er plättete
der **Platz**, die Plätze, Platz nehmen ↗22
das **Plätz|chen**, die Plätzchen
plat|zen, es platzte
plau|dern, sie plauderte, die Plauderei
das **Play-back/Play|back** (sprich: *pläi-bäck*)
die **Plei|te**, die Pleiten, er ist pleite, er macht Pleite
die **Plom|be**, die Plomben (1. Versiegelung, 2. Zahnfüllung)
plom|bie|ren, sie plombierte
plötz|lich
plump
plump|sen ↗21, es plumpste
der **Plun|der**
plün|dern, er plünderte, die Plünderung
der **Plu|ral** (die Mehrzahl)
plus
po|chen, sie pochte
die **Po|cke**, die Pocken
das **Po|di|um**, die Podien
die **Po|e|sie**, das Poesiealbum
der **Po|kal**, die Pokale
der **Pol**, die Pole
Po|len, die Polen, polnisch
po|lie|ren, er polierte
die **Po|li|tik**, die Politiker, politisch
die **Po|li|zei**, der Polizist, die Polizistin
der **Pol|len**, die Pollen
das **Pols|ter**, die Polster, polstern
pol|tern, sie polterte
die **Pom|mes** (kurz für: Pommes frites) (sprich: *pomm friet*)
das **Po|ny**, die Ponys (1. Kleinpferd, 2. Frisur)
der **Pop**, die Popmusik
der **Po|po**, die Popos
po|pu|lär, die Popularität
die **Po|re**, die Poren
der **Por|tier** (sprich: *portjee*), die Portiers
die **Por|ti|on**, die Portionen
das **Port|mo|nee**, die Portmonees, auch: Portemonnaie
das **Por|to**, die Portos oder: Porti, portofrei
das **Por|trät**, die Porträts
Por|tu|gal, portugiesisch

Prisca

das **Por|zel|lan**
po|si|tiv
die **Post***,
der Postbote
der **Pos|ten**, die Posten
das **Pos|ter**, die Poster
die **Po|wer**, powern
die **Pracht**, prächtig ↗58
das **Prä|di|kat**, die Prädikate
prä|gen, er prägte
prah|len, sie prahlte
prak|tisch
die **Pra|li|ne**, die Pralinen
prall
die **Prä|mie**, die Prämien
die **Pran|ke** ↗44,
die Pranken
das **Prä|sens**
der **Prä|si|dent**, die Präsidentin,
die Präsidenten
pras|seln, es prasselte
die **Pra|xis**, die Praxen
prä|zis oder: präzise
pre|di|gen, er predigte,
die Predigt
der **Preis***, die Preise
prei|sen, er pries
die **Prel|lung**, prellen
die **Pres|se** (Zeitungswesen)
pres|sen, sie presste,
die Presse
der **Pries|ter**, die Priester

pri|ma ↗59
die **Pri|mel**, die Primeln
Primo *(italienisch: der Erste)*
der **Prinz**, die Prinzessin
Prisca *(römisch: von alter Art)*
pri|vat
die **Pro|be**, die Proben
pro|bie|ren, er probierte
das **Pro|blem**, die Probleme
pro|du|zie|ren,
sie produzierte,
das Produkt
der **Pro|fes|sor**, die Professorin,
die Professoren
das **Pro|gramm**,
die Programme
prompt
das **Pro|no|men**, die Pronomen
der **Pro|pel|ler**, die Propeller
der **Pro|phet**, die Propheten
der **Pros|pekt**, die Prospekte
der **Pro|test**, die Proteste,
protestieren
pro|tes|tan|tisch,
die Protestanten
die **Pro|the|se**, die Prothesen
das **Pro|to|koll**, die Protokolle
der **Pro|vi|ant** ↗45
das **Pro|zent**, die Prozente
der **Pro|zess**, die Prozesse
prü|fen, sie prüfte,
die Prüfung

Quirin

prü|geln,
er prügelte,
die Prügel,
die Prügelei
die **Pu|ber|tät**
der **Pud|ding**, die Puddinge
oder: die Puddings
der **Pu|del**, die Pudel
der **Puf|fer**, die Puffer
der **Pul|lo|ver***, die Pullover
der **Puls**, die Pulse
das **Pult**, die Pulte
das **Pul|ver**, die Pulver
die **Pum|pe**, die Pumpen,
pumpen
der **Punkt**, die Punkte
pünkt|lich
die **Pu|pil|le**, die Pupillen
die **Pup|pe***, die Puppen
pur|zeln, sie purzelte
pus|ten, er pustete
put|zen, er putzte, der Putz
das **Puz|zle**, die Puzzles,
puzzeln
der **Py|ja|ma**, die Pyjamas
die **Py|ra|mi|de**, die Pyramiden

Q

das **Qua|drat**, die Quadrate,
quadratisch
qua|ken, sie quakte
die **Qual**, die Qualen
quä|len, er quälte
die **Qua|li|tät**, die Qualitäten
die **Qual|le**, die Quallen
der **Qualm**, qualmen
der **Quark**
das **Quar|tett**, die Quartette
das **Quar|tier**, die Quartiere
der **Quarz**, die Quarze
quas|seln, sie quasselte
der **Quatsch**
quat|schen ↗ 7,
sie quatschte
die **Quel|le**, die Quellen
quel|len, es quoll,
ist gequollen
quer, der Querschnitt
quet|schen, er quetschte,
die Quetschung
quie|ken, es quiekte
quiet|schen, es quietschte
Quirin *(Name eines Heiligen)*
der **Quirl**, die Quirle, quirlen
die **Quit|tung**, die Quittungen,
quittieren, wir sind quitt
das **Quiz**
die **Quo|te**, die Quoten

Rabea

R

der **Ra|batt**,
die Rabatte
der **Ra|bau|ke**, die Rabauken
der **Ra|be**, die Raben
Rabea *(arabisch: Frühling)*
ra|bi|at
die **Ra|che**, rächen, der Rächer
der **Ra|chen**, die Rachen
ra|ckern, sie rackerte
das **Rad**, die Räder, der Radfahrer, er fährt Rad
er/das **Ra|dar**, die Radarfalle
der **Ra|dau**
ra|die|ren, sie radierte, der Radiergummi*
das **Ra|dies|chen**, die Radieschen
ra|di|kal
das **Ra|dio**, die Radios
Raffael (↗ Raphael)
raf|fi|niert
ra|gen, es ragte
das **Ra|gout**, die Ragouts
Rahel, Rachel *(biblisch: Schäfchen)*
der **Rahm**
der **Rah|men**, die Rahmen
Raimar (↗ Reimar)
Raimund, Reimund *(alter deutscher Name: Rat + Schutz)*

der **Rain**, die Raine
Rainer, Reiner *(alter deutscher Name: Rat + Heer)*
sich **rä|keln**, sie räkelte sich
die **Ra|ke|te**, die Raketen
Ralf, Ralph *(englische Form eines alten deutschen Namens: Ratgeber + Wolf)*
die **Ral|lye** (sprich: *rälli*), die Rallyes
ram|men, er rammte
Ramón, Ramona (↗ Raimund)
die **Ram|pe**, die Rampen
der **Rand**, die Ränder
ran|da|lie|ren, er randalierte, die Randale
der **Rang**, die Ränge
ran|geln, die Rangelei
die **Ran|ke**, die Ranken
der **Ran|zen**, die Ranzen
ran|zig
Raoul (*französisch* ↗ Ralf)
der **Rap** (rhythmischer Sprechgesang), die Rapmusik
Raphael, Raffael, Rafael, Raphaela *(biblisch: Gott heilt)*
der **Rap|pe**, die Rappen
der **Raps**
rar
rasch

Rebecca

ra|scheln, es raschelte
ra|sen, sie raste
der **Ra|sen**, die Rasen
ra|sie|ren, er rasierte
die **Ras|pel**, die Raspeln, raspeln
die **Ras|se**, die Rassen
die **Ras|sel**, die Rasseln, rasseln
die **Rast**, die Raststätte, rasten
der **Rat**, die Ratschläge, raten
die **Ra|te**, die Raten
ra|ten, er rät, er r<u>ie</u>t
die **Ra|ti|on**, die Rationen
das **Rät|sel**, die Rätsel
die **Rat|te**, die Ratten
rat|tern, es ratterte
rau, der Raureif
der **Raub**, rauben, der Räuber
der **Rauch**, rauchen, die Raucher
räu|chern, sie räucherte
rau|fen, er raufte
der **Raum**, die Räume, räumen, das Raumschiff
die **Rau|pe**, die Raupen

rau|schen, es rauschte
sich **räus|pern**, er räusperte sich
die **Raz|zia**, die Razzien
re|a|gie|ren, sie reagierte, die Reaktion
die **Re|al|schu|le**, die Realschulen
die **Re|be**, die Reben
Rebecca, Rebekka
(biblisch: die Interessante)
der **Re|chen**, die Rechen
rech|nen, er rechnete, das Rechnen, die Rechnung
recht

klein: jetzt erst recht
recht und billig
Das ist mir recht.
Das geschieht dir recht.
freie Wahl: Ich habe Recht/recht. Sie bekommt Recht/recht.

rechts* und links
der **Rechts|an|walt**, die Rechtsanwältin, die Rechtsanwälte
die **Recht|schrei|bung**
recht|zei|tig
das **Reck**, die Recks

Lautmalerei in Europa bei „rascheln"
Viele Geräusche heißen so, wie sie klingen. (Flüstere jedes Wort mehrmals!)
GB: **rustle** *(raßl)*; **DK:** **rasle** *(räßle)*; **NL:** **ritselen**; **PL:** **szeleścić** *(schelesch-tschitsch)*; **TR:** **hısırdamak**; **E:** **susurrar**; **CZ:** **zachrastit** *(sachrastjit)*

Raimar

re|cken,
sie reckte
re|cyc|len,
das Recycling
(sprich: *rißeikling*)
re|den ↗7, er redete,
die Rede, der Redner
red|lich
re|for|mie|ren,
sie reformierte, die Reform,
die Reformation
das **Re|gal***, die Regale
re|ge
die **Re|gel**, die Regeln
re|gel|mä|ßig
re|geln, er regelte,
die Regelung, regelrecht
sich **re|gen**, sie regte sich,
die Regung
der **Re|gen***, regnen
die **Re|gie**, der Regisseur
re|gie|ren, er regierte,
die Regierung
Regina *(römisch: Königin)*
reg|nen, es regnete
das **Reh**, die Rehe
rei|ben, sie rieb, die Reibe,
die Reibung
reich, der Reichtum,
die Reichen
das **Reich**, die Reiche
rei|chen, es reichte

reich|hal|tig, reichlich
reif, reifen, die Reife
der **Reif** (Ring), die Reife
der **Reif** (Raureif)
der **Rei|fen**, die Reifen
die **Rei|he**, die Reihen
der **Reim**, die Reime, reimen
Reimar, Raimar, Reimer
(alter deutscher Name:
Rat + berühmt)
rein, die Reinheit
Reinhard, Reinhart *(alter*
deutscher Name: Rat + hart)
Reinhild *(alter deutscher*
Name: Rat + Kampf)
rei|ni|gen, die Reinigung
Reinold, Reinhold
(alter deutscher Name:
Rat + herrschen)
der **Reis**, das Reiskorn
das **Reis**, die Reiser, das Reisig
rei|sen, er reiste ab,
die Reise
rei|ßen, sie riss,
hat gerissen, der Riss
rei|ten, er ritt, der Ritt
rei|zen, sie reizte,
der Reiz, reizend
die **Re|kla|me**
der **Re|kord**, die Rekorde
der **Re|kor|der**, die Rekorder
der **Rek|tor**, die Rektoren

Richard

re|la|tiv
die **Re|li|gi|on**, die Religionen, religiös
die **Re|li|quie**, die Reliquien
rem|peln, er rempelte
Renate, Rena, René, Renée *(römisch: wiedergeborener Mensch)*
ren|nen ↗16, er rannte, das Rennen
re|no|vie|ren, sie renovierte, die Renovierung
die **Ren|te**, die Renten
sich **ren|tie|ren**, es rentiert sich
der **Rent|ner**, die Rentnerin, die Rentner
re|pa|rie|ren, er reparierte, die Reparatur
die **Re|por|ta|ge**, die Reportagen
der **Re|por|ter**, die Reporterin, die Reporter
das **Rep|til**, die Reptilien
die **Re|pu|blik**, die Republiken
die **Re|ser|ve**, die Reserven
die **Re|ser|vie|rung**, reservieren
der **Re|spekt**
der **Rest**, die Reste
das **Res|tau|rant**, die Restaurants
das **Re|sul|tat**, die Resultate

ret|ten, sie rettete, die Rettung, die Retter
der **Ret|tich**, die Rettiche
die **Reue**, reuen, es reute mich
die **Re|van|che**, sich revanchieren
das **Re|vier**, die Reviere
die **Re|vo|lu|ti|on**, die Revolutionen
das **Re|zept**, die Rezepte
der **Rha|bar|ber**
der **Rhein**, das Rheinland
Rhein|land-Pfalz
der **Rhyth|mus**, die Rhythmen
Ria (↗ Maria)
Richard, Ricardo, Ricarda *(alte deutsche Namen: Herrscher + hart)*
rich|ten, er richtete, der Richter, die Richterin
rich|tig* ↗61
die **Rich|tung**, die Richtungen
Rick *(englisch;* ↗ Richard)
rie|chen, es roch
die **Rie|ge**, die Riegen
der **Rie|gel**, die Riegel
der **Rie|men**, die Riemen
der **Rie|se**, die Riesen, riesig ↗57
rie|seln, es rieselte
Rike (↗ Henrike, Ulrike)
die **Ril|le**, die Rillen

Rosalia

das **Rind**, die Rinder
der **Ring**, die Ringe
rin|gen, er rang, hat gerungen, der Ringkampf
rings, ringsumher
die **Rin|ne**, die Rinnen
die **Rip|pe**, die Rippen
das **Ri|si|ko**, die Risikos oder: Risiken, riskieren, riskant
er **riss**, der Riss (↗ reißen)
Rita (*kurz für* ↗ Margherita)
der **Ritt**, die Ritte, rittlings
der **Rit|ter**, die Ritter, ritterlich
die **Rit|ze** ↗ 51, die Ritzen
rit|zen, sie ritzte
Robert, Rupert (*alter deutscher Name: Ruhm + glänzend*)
der **Ro|bo|ter**, die Roboter
rö|cheln, sie röchelte
der **Rock***, die Röcke
die **Rock|mu|sik**
ro|deln, sie rodelte
ro|den, er rodete
Roger (↗ Rüdiger)
der **Rog|gen**
roh, die Rohheit

das **Rohr**, die Rohre, die Röhre
röh|ren, der Hirsch röhrt
Roland (*alter deutscher Name: Ruhm + kühn*)
Rolf (↗ Rudolf)
die **Rol|le**, die Rollen, rollen, der Roller, der Rollladen; die Rollerblades (sprich: *rollerbläids*)
das **Rol|lo**, die Rollos
der **Ro|man**, die Romane
Roman, Romana (*römisch: Mensch aus Rom*)
ro|man|tisch
Ronja (*von Astrid Lindgren erfunden: Ronja Räubertochter*)
rönt|gen, der Arzt röntgt, sie muss zum Röntgen
ro|sa, rosarot
Rosa, Rosalia, Rosi (*römisch: Rose*)
die **Ro|se**, die Rosen, rosig
Rosemarie, Romi (↗ Rosa, Maria)
die **Ro|si|ne**, die Rosinen

Roboter: made in CZ
Robota heißt polnisch *schwere körperliche Arbeit*. Tschechen sagen es ähnlich. Unsere Vorfahren lernten das Wort von den Polen. Schwere Arbeit für ihre Herren nannten sie *robot*.
Heute nennen wir Maschinenmenschen Roboter.

Rüdiger

A B C D E F G H I J K L M N O P Q **R** S T U V W X Y Z

das **Ross**, die Rosse
oder: die Rösser
der **Rost** (rostiges Eisen), rosten, rostig
der **Rost** (Gitter), die Roste, rösten
Roswitha *(die Ruhmesstarke – alter deutscher Name)*
rot* (Suchst du etwas? ↗blau)
das **Ro|te Kreuz**
Rotraud *(alter deutscher Name, keltischer Ursprung)*
die **Rou|te**, die Routen
Roy *(der Rote – englisch)*
die **Rü|be**, die Rüben
Ruben *(biblisch: Seht her, ein Sohn!)*
die **Ru|brik**, die Rubriken
der **Ruck**, rucken, ruckartig
rü|cken, sie rückte
der **Rü|cken***, die Rücken, die Rückkehr, das Rücklicht, der Rucksack, der Rücktritt
die **Rück|sicht**, rücksichtslos
rück|wärts
der **Rü|de**, die Rüden
das **Ru|del**, die Rudel
das **Ru|der**, die Ruder, rudern, die Ruderer
Rüdiger *(alter deutscher Name: Ruhm + Speer)*

Rudolf, Rudolph, Rudi *(alter deutscher Name: Ruhm + Wolf)*
ru|fen ↗12, er rief, der Ruf
die **Rü|ge**, die Rügen, rügen
die **Ru|he**, ruhen, ruhig
der **Ruhm**, rühmen, berühmt
die **Ruhr**, das Ruhrgebiet
rüh|ren, er rührte, rührend
Ru|mä|ni|en, die Rumänen, rumänisch
der **Rumpf**, die Rümpfe
rümp|fen, sie rümpfte die Nase
rund, die Rundung, die Runde, der Rundfunk
run|ter, runterfallen ↗21
die **Run|zel**, die Runzeln
der **Rü|pel**, die Rüpel
rup|fen, er rupfte
der **Ruß**, rußen, rußig
der **Rüs|sel**, die Rüssel
Russ|land, die Russen, russisch
rüs|ten, er rüstete, die Rüstung, rüstig
die **Ru|te**, die Ruten
Ruth *(biblisch: Freundin)*
die **Rut|sche**, die Rutschen
rut|schen, sie rutschte
rüt|teln, er rüttelte

Samira

S

der **Saal**, die Säle
das **Saar|land**
die **Saat**, die Saaten
Sabina, Sabine *(römisch: aus dem Stamm der Sabiner)*
Sabrina *(Name einer Nymphe – englisch)*
die **Sa|che**, die Sachen, sachlich
Sach|sen, die Sachsen, sächsisch
Sach|sen-An|halt
die **Sach|kun|de**
der **Sach|un|ter|richt**
der **Sack**, die Säcke
sä|en, er säte
der/das **Sa|fe**, die Safes
der **Saft**, die Säfte, saftig
die **Sa|ge**, die Sagen
sa|gen ↗ 7, er sagte
sä|gen, sie sägte, die Säge
die **Sah|ne**, sahnig
die **Sai|son**, die Saisons
die **Sai|te**, die Saiten der Gitarre, aber: die ↗ Seite
der **Sa|la|man|der**, die Salamander
die **Sa|la|mi**, die Salamis
der **Sa|lat***, die Salate
die **Sal|be**, die Salben, salben
Salome *(die Friedliche – Ursprung griechisch)*
der **Sa|lon**, die Salons
der **Sal|to**, die Saltos oder: die Salti
das **Salz***, die Salze, salzig
Sam, Sammy (↗ Samuel)
Samantha *(die Zuhörende – amerikanisch; Ursprung biblisch)*
der **Sa|men** oder: der Same, die Samen
Samira *(Unterhalterin – Ursprung arabisch)*
sam|meln, sie sammelte, die Sammlung
der **Sams|tag**, die Samstage
(Suchst du etwas? ↗ Dienstag)
der **Samt**
sämt|lich,
samt und sonders
Samuel *(biblisch: von Gott erhört)*
das **Sa|na|to|ri|um**, die Sanatorien
der **Sand**, sandig
die **San|da|le**, die Sandalen
Sandra, Sandria, Sandrina *(italienische Kurzform zu* ↗ Alessandra)
das **Sand|wich** (sprich: *ßänwitsch*), die Sandwiches oder: die Sandwiche

A B C D E F G H I J K L M N O P Q R **S** T U V W X Y Z

Saskia

sanft,
sanftmütig
der **Sän|ger**,
die Sängerin, die Sänger
sa|nie|ren, er sanierte,
die Sanierung
der **Sa|ni|tä|ter**, die Sanitäter
Sara, Sarah, Sarina
(biblisch: Fürstin, Herrin)
der **Sarg**, die Särge
Sascha (*russische Kurzform zu* ↗ Alexander)
Saskia (*niederländisch: die Sächsin*)
der **Sa|tan**
der **Sa|tel|lit**, die Satelliten
die **Sa|ti|re**, die Satiren,
satirisch
satt, gesättigt
der **Sat|tel**, die Sättel, satteln
der **Satz**, die Sätze
die **Sat|zung**, die Satzungen
die **Sau**, die Säue oder: Sauen
sau|ber*, die Sauberkeit
säu|bern, sie säuberte
die **Sau|ce** (sprich: *soße/sooß*),
die Saucen, auch: die Soße
sau|er, die Säure
das **Sau|er|kraut**
der **Sau|er|stoff**
sau|fen, er soff,
der Säufer

sau|gen, er saugte,
auch: er sog
das **Säu|ge|tier**, die Säugetiere
der **Säug|ling**, die Säuglinge
die **Säu|le**, die Säulen
der **Saum**, die Säume
die **Sau|na**, die Saunas
oder: die Saunen
der **Sau|ri|er**, die Saurier
sau|sen, es sauste
die **S-Bahn**, die S-Bahnen
der **Scan|ner**, die Scanner
Scarlet, Scarlett (*englisch; eine Form zu Charles* ↗ Karl)

Scha... siehe auch Cha...

scha|ben, sie schabte
der **Scha|ber|nack**
schä|big
die **Scha|blo|ne**,
die Schablonen
das **Schach**, das Schachspiel
der **Schacht**, die Schächte
die **Schach|tel**, die Schachteln
scha|de ist das!
der **Schä|del**, die Schädel
scha|den, er schadete,
der Schaden
schä|di|gen, sie schädigte,
schädlich, Schädling
das **Schaf***, die Schafe, der
Schäfer, der Schäferhund
schaf|fen, er schaffte

Sascha

Siehe auch Sh und Ch!

der **Schaff|ner**, die Schaffnerin, die Schaffner
der **Schal***, die Schals oder: die Schale
die **Scha|le**, die Schalen
schä|len, sie schälte
der **Schall**, schallen
schal|ten, er schaltete, der Schalter, die Schaltung
die **Scham**, sich schämen, schamlos
die **Schan|de**, schändlich
die **Schar**, die Scharen
scharf, die Schärfe, schärfen
der **Schar|lach**
schar|ren, es scharrte
der **Schat|ten**, die Schatten, schattig
der **Schatz**, die Schätze
schät|zen, sie schätzte
schau|en ↗2, sie schaute, die Schau, das Schaufenster
der **Schau|er***, die Schauer schauerlich, schaurig
die **Schau|fel**, die Schaufeln, schaufeln
die **Schau|kel**, die Schaukeln, schaukeln

der **Schaum**, schäumen
der **Schau|spie|ler**, die Schauspielerin, die Schauspieler
der **Scheck**, die Schecks
die **Schei|be**, die Scheiben
die **Schei|de**, die Scheiden
schei|den, er schied, er ist geschieden, die Scheidung
der **Schein**, scheinbar
schei|nen, es schien
der **Schei|tel**, die Scheitel
schei|tern, sie scheiterte
die **Schel|le**, die Schellen
schel|len, es schellte
der **Sche|mel**, die Schemel
der **Schen|kel**, die Schenkel
schen|ken, er schenkte
die **Scher|be**, die Scherben
die **Sche|re***, die Scheren
die **Sche|re|rei**, die Scherereien
der **Scherz**, die Scherze, scherzen
scheu, scheuen, die Scheu ↗53
scheu|chen, sie scheuchte
scheu|ern, er scheuerte, das Scheuertuch
die **Scheu|ne**, die Scheunen
das **Scheu|sal**, die Scheusale
scheuß|lich
der **Schi**, die Schier, auch: Ski
die **Schicht**, die Schichten

Schirin

schick
schi|cken, sie schickte
das **Schick|sal**, die Schicksale
schie|ben, er schob, der Schieber, die Schiebung
der **Schieds|rich|ter**, die Schiedsrichter
schief
der **Schie|fer**
schie|len ↗2, er schielte
das **Schien|bein**, die Schienbeine
die **Schie|ne**, die Schienen
schie|ßen, sie schoss, hat geschossen, der Schuss
das **Schiff**, die Schiffe, der Schiffbruch, schiffbar
die **Schi|ka|ne**, die Schikanen, schikanieren
der **Schild** des Ritters, die Schilde
das **Schild**, die Schilder
schil|dern, er schilderte, die Schilderung
die **Schild|krö|te**, die Schildkröten
das **Schilf**
der **Schim|mel**, die Schimmel (1. weißes Pferd, 2. Pilz)
schim|meln, es schimmelte, schimm(e)lig
schim|mern, es schimmerte, der Schimmer
der **Schim|pan|se**, die Schimpansen
schimp|fen ↗8, sie schimpfte, mit Schimpf und Schande
die **Schin|del**, die Schindeln
der **Schin|ken***, die Schinken
die **Schip|pe**, die Schippen
Schirin *(persisch: die Süße)*
der **Schirm**, die Schirme
die **Schlacht**, die Schlachten
schlach|ten, er schlachtete
die **Schla|cke**, die Schlacken
der **Schlaf**, der Schläfer
die **Schlä|fe**, die Schläfen
schla|fen ↗31, sie schlief, schläfrig, schlaflos
schlaff
schla|gen, er schlug, der Schlag, der Schläger, die Schlägerei
der **Schla|ger**, die Schlager
der **Schlamm**, schlammig
schlam|pig, die Schlamperei
die **Schlan|ge***, die Schlangen, Schlange stehen, sich schlängeln

Schatzi

schlank
schlapp
das **Schla|raf|fen|land**
schlau, die Schlauheit, die Schläue
der **Schlauch**, die Schläuche
die **Schlau|fe**, die Schlaufen
schlecht ↗62, die Schlechtigkeit, schlecht gelaunt/schlechtgelaunt
schlei|chen, sie schlich
der **Schlei|er**, die Schleier, schleierhaft
die **Schlei|fe**, die Schleifen
schlei|fen, er schliff
der **Schleim**, schleimig
schlem|men, er schlemmte, der Schlemmer
schlen|dern ↗14, er schlenderte
der **Schlen|dri|an**
schlen|kern, sie schlenkerte
schlep|pen ↗25, sie schleppte, der Schlepper, die Schleppe
Schles|wig-Hol|stein
die **Schleu|der**, die Schleudern, schleudern ↗32
schleu|nig, schleunigst
die **Schleu|se**, die Schleusen, schleusen
schlicht

schlich|ten, er schlichtete, die Schlichtung
schlie|ßen ↗30, sie schloss, geschlossen
schließ|lich
schlimm ↗62
die **Schlin|ge**, die Schlingen
der **Schlin|gel**, die Schlingel
schlin|gen, er schlang, hat geschlungen, die Schlingpflanze
der **Schlips**, die Schlipse
der **Schlit|ten***, die Schlitten
der **Schlitt|schuh**, die Schlittschuhe
der **Schlitz** ↗51, die Schlitze, schlitzen
das **Schloss**, die Schlösser (1. Türschloss, 2. Königsschloss)
der **Schlos|ser**, die Schlosser
der **Schlot**, die Schlote
schlot|tern, es schlotterte
die **Schlucht**, die Schluchten
schluch|zen ↗6, sie schluchzte
schlu|cken, er schluckte, der Schluck
schlum|mern, sie schlummerte, der Schlummer
schlüp|fen, sie schlüpfte, der Schlüpfer, schlüpfrig

A B C D E F G H I J K L M N O P Q R S T U V W X Y Z

Schorsch

schlur|fen, er schlurfte
schlür|fen, sie schlürfte
der **Schluss**, die Schlüsse
der **Schlüs|sel**, die Schlüssel
schmäch|tig
schmack|haft
schmal ↗56, schmaler
das **Schmalz**
schmat|zen, er schmatzte
schmau|sen, sie schmauste
schme|cken, es schmeckte
schmei|cheln, er schmeichelte, der Schmeichler, die Schmeichelei
schmei|ßen ↗32, sie schmiss, hat geschmissen
schmel|zen, es schmilzt, es schmolz, ist geschmolzen
der **Schmerz**, die Schmerzen, schmerzen, schmerzlich, schmerzhaft, schmerzlos
der **Schmet|ter|ling***, die Schmetterlinge
schmet|tern, er schmetterte
der **Schmied**, die Schmiede, schmieden
schmie|ren, sie schmierte, die Schmiere, schmierig
die **Schmin|ke**, schminken

schmir|geln, er schmirgelte
der **Schmö|ker**, die Schmöker, schmökern
schmol|len, sie schmollte
schmo|ren, es schmorte
schmü|cken, sie schmückte, der Schmuck
schmug|geln, er schmuggelte, der Schmuggler
schmun|zeln ↗5, sie schmunzelte
schmu|sen, sie schmuste
der **Schmutz**, schmutzig*
der **Schna|bel** ↗42, die Schnäbel
die **Schna|ke**, die Schnaken
die **Schnal|le**, die Schnallen, schnallen
schnal|zen, er schnalzte
schnap|pen, er schnappte
der **Schnaps**, die Schnäpse
schnar|chen, sie schnarchte
schnat|tern, er schnatterte
schnau|ben, sie schnaubte
schnau|fen, er schnaufte
die **Schnau|ze** ↗42, die Schnauzen, schnauzen ↗8
sich **schnäu|zen**, sie schnäuzte sich
die **Schne|cke**, die Schnecken

A B C D E F G H I J K L M N O P Q R S T U V W X Y Z

Schöntraud

der **Schnee**,
der Schneeball*
das **Schnee|glöck|chen**,
die Schneeglöckchen
schnei|den, er schnitt,
der Schnitt
der **Schnei|der**, die Schneiderin,
die Schneider
schnei|en, es schneite
schnell, am schnellsten,
die Schnelligkeit
der **Schnip|sel**, die Schnipsel
der **Schnitt**, die Schnitte
die **Schnit|te**, die Schnitten
der **Schnitt|lauch**
das **Schnit|zel**, die Schnitzel,
die Schnitzeljagd
schnit|zen, sie schnitzte
der **Schnor|chel**, die Schnorchel
schnüf|feln, er schnüffelte
der **Schnup|fen**, schnupfen
schnup|pern,
sie schnupperte
die **Schnur**, die Schnüre
schnü|ren, er schnürte,
der Schnürsenkel

Schnurr|bart,
die Schnurrbärte
schnur|ren, sie schnurrte
die **Scho|ko|la|de***
die **Schol|le**, die Schollen
(1. Erdscholle,
2. Plattfisch)
schon
schön* ↗58
scho|nen, er schonte,
die Schonung
Schöntraud
(moderne Neuschöpfung)
schöp|fen, sie schöpfte,
der Schöpfer, die Schöpfung
der **Schorn|stein**,
die Schornsteine,
der Schornsteinfeger
Schorsch (*kurz von* ↗ Georg)
der **Schoß**, die Schöße
der **Schot|ter**
schräg, die Schräge
die **Schram|me**, die Schram-
men, schrammen
der **Schrank***, die Schränke
die **Schran|ke**, die Schranken

Schneeglöckchen
D: Schneeglöckchen; **E: campanilla de las nieves** *(campanija de las niäwes)* = Glöckchen des Schnees; **GB: snowdrop** *(ßnoudropp)* = Schneetropfen; **F: perce-neige** *(perß-nähsch)* = Schneedurchbohrer; **I: bucaneve** (= Schneelocher)

Schlappi

A B C D E F G H I J K L M N O P Q R **S** T U V W X Y Z

die **Schrau|be**,
die Schrauben,
schrauben

der **Schreck** oder: der
Schrecken, schrecklich ↗62

der **Schrei**, die Schreie,
der Schreihals

schrei|ben, er schrieb,
der Schreibtisch*

schrei|en ↗9, sie schrie,
hat geschrien

der **Schrei|ner**, die Schreiner

schrei|ten, er schritt

die **Schrift**, die Schriften,
der Schriftsteller, schriftlich

schrill

der **Schritt**, die Schritte

schroff

der **Schrott**, verschrotten

schrub|ben, sie schrubbte,
der Schrubber

schrump|fen, es schrumpfte

der **Schub**, die Schübe,
die Schubkarre,
die Schublade

schub|sen, er schubste,
der Schubs

schüch|tern,
die Schüchternheit

der **Schuft**, die Schufte

schuf|ten, sie schuftete

der **Schuh**, die Schuhe*

die **Schuld**, schuldig

> **groß:** Ich habe Schuld.
> Sie gibt ihm die Schuld.
> **klein:** Ich bin schuld.
> **freie Wahl:**
> Sie lässt sich nichts zu
> Schulden/zuschulden kommen.

die **Schul|den**

die **Schu|le***, die Schulen,
die Schüler*

die **Schul|ter***, die Schultern,
schultern ↗25

schum|meln,
er schummelte

der **Schund**

die **Schup|pe**, die Schuppen

der **Schup|pen** ↗46,
die Schuppen

die **Schür|ze**, die Schürzen

der **Schuss**, die Schüsse

die **Schüs|sel**, die Schüsseln

der **Schus|ter**, die Schuster

der **Schutt**

schüt|teln, sie schüttelte

schüt|ten, er schüttete

schüt|zen, sie schützte,
der Schutz

Schwa|ben

schwach, die Schwäche

der **Schwa|ger**, die Schwägerin

die **Schwal|be**, die Schwalben

der **Schwamm**, die Schwämme

Schlumpf

der **Schwan**, die Schwäne
schwan|ger, die Schwangerschaft
schwan|ken, er schwankte
der **Schwanz**, die Schwänze
schwän|zen, sie schwänzte
der **Schwarm**, die Schwärme
schwarz*, die Schwarzen

> **klein:** sich schwarzärgern
> schwarz auf weiß
> das schwarze Schaf
> die schwarze Liste
> **groß:** das Schwarze Meer
> ins Schwarze treffen
> (Suchst du etwas? ↗ blau)

schwat|zen, er schwatzte, schwätzen ↗ 7, der Schwätzer
schwe|ben ↗ 19, sie schwebte
Schwe|den, schwedisch
der **Schwe|fel**
der **Schweif**, die Schweife
schwei|gen, er schwieg
das **Schwein***, die Schweine, die Schweinerei
der **Schweiß**
schwei|ßen, er schweißte, der Schweißer
die **Schweiz**, die Schweizer, schweizerisch

schwe|len, es schwelte, der Schwelbrand
die **Schwel|le**, die Schwellen
schwel|len, es schwoll
schwen|ken, er schwenkte
schwer, schwerhörig
das **Schwert**, die Schwerter
die **Schwes|ter***, die Schwestern
die **Schwie|ger|el|tern**
schwie|rig, die Schwierigkeit
schwim|men, sie schwamm, geschwommen, die Schwimmer
schwin|deln, er schwindelte, der Schwindler
schwin|den, es schwand, ist geschwunden
schwind|lig oder: schwin-delig, der Schwindel
schwin|gen, er schwang, hat geschwungen
schwir|ren ↗ 19, es schwirrte
schwit|zen, du schwitzt, sie schwitzte
schwö|ren, er schwor
schwül, die Schwüle
der **Schwung**, die Schwünge
der **Schwur**, die Schwüre

Selma

Sean (sprich: *schån*) (*irische Form von* ↗ Johannes)

Sebastian (*verehrungswürdig – Ursprung griechisch*)

sechs*, sechzehn, sechzig

der **See**, die Seen

die **See** (das Meer), seekrank

die **See|le**, die Seelen

das **Se|gel**, die Segel, segeln

seg|nen, er segnete, der Segen

se|hen ↗2, sie sieht, sie sah; Sieh mal!, aber: ↗ sie

die **Seh|ne**, die Sehnen

sich **seh|nen**, er sehnte sich, die Sehnsucht

sehr, sehr gut

seicht

ihr **seid**, aber: ↗ seit gestern

die **Sei|de**, die Seiden, ein seidenes Kleid

die **Sei|fe**, die Seifen

das **Seil**, die Seile

sein*, sein Heft

sein, froh sein

seit gestern, aber: ihr ↗ seid

seit|dem

die **Sei|te**, die Seiten, aber: die ↗ Saite

seit|lich, **seit|wärts**

der **Se|kre|tär** (1. verschließbares Schreibpult, 2. Schriftführer, Geschäftsführer)

die **Se|kre|tä|rin**, die Sekretäre, das Sekretariat

der **Sekt**

die **Sek|te**, die Sekten

die **Se|kun|de**, die Sekunden

sel|ber, selbst

selb|stän|dig/ **selbst|stän|dig**

die **Selbst|be|die|nung**

selbst|ver|ständ|lich

se|lig, die Seligkeit

Selina, Seline (↗ Celina)

der/die **Sel|le|rie**

Selma (*alter deutscher Name: Gott + Helm*)

sel|ten, die Seltenheit

Immer noch „segeln"

Als es noch keine Motoren gab, musste man über den Ozean mit Segelschiffen segeln. In englischen Häfen stand auf Tafeln, wann die Schiffe absegelten. So steht das heute noch auf den Fahrplänen: Schiffsabfahrten heißen **sailing** (*ßäiling*).

A B C D E F G H I J K L M N O P Q R S T U V W X Y Z

Serdar

selt|sam
das **Se|mi|ko|lon**, die Semikolons
die **Sem|mel**, die Semmeln
der **Se|nat**, der Senator, die Senatorin
sen|den, er sandte, hat gesandt, die Sendung
der **Sen|der**, die Sender
der **Senf**
sen|ken, sie senkte, hat gesenkt, aber: ↗ sinken
senk|recht
der **Senn**, die Sennerin
die **Sen|sa|ti|on**, die Sensationen, sensationell
die **Sen|se**, die Sensen
sen|si|bel
sen|ti|men|tal
der **Sep|tem|ber***
Seraphina, Seraphine *(Name eines Engels in der Bibel)*
Serdar *(alter arabischer Name: Befehlshaber)*
Serena *(italienisch: die Heitere)*
die **Se|rie**, die Serien
die **Ser|pen|ti|ne**, die Serpentinen
die **Ser|vi|et|te**, die Servietten
der **Ses|sel**, die Sessel
(sich) **set|zen**, sie setzte (sich)
die **Seu|che**, die Seuchen

seuf|zen, er seufzte, der Seufzer
Severin *(römisch: streng, ernst)*
das **Sham|poo** (sprich: *schampu*), die Shampoos
Sheila (sprich: *schiela*) *(englisch; kurz für ↗ Cäcilia)*
der **She|riff** (sprich: *scheriff*), die Sheriffs
Shirley (sprich: *schörlie*) *(Ursprung: englischer Ortsname)*
die **Shorts*** (sprich: *schorts*)
die **Show** (sprich: *schou*), die Shows
Sibyl, Sibylle, Sibille, Sibilla *(Bei den alten Griechen waren Sibyllen Weissagerinnen.)*
sich
die **Si|chel**, die Sicheln
si|cher, sicherlich, die Sicherheit, die Sicherung, sicherheitshalber
si|chern, sie sicherte
die **Sicht**, sichtbar
si|ckern, es sickert
sie* kommt, aber: Sieh!
das **Sieb**, die Siebe, sieben
sie|ben*, siebzehn, siebzig
(Suchst du etwas? ↗ acht)
sie|den, es siedete, siedend heiß, der Siedepunkt

A B C D E F G H I J K L M N O P Q R **S** T U V W X Y Z

die **Sied|lung**, die Siedlungen, siedeln, die Siedler
der **Sieg**, die Siege, die Sieger, siegen, siegreich
Si(e)gbert, Si(e)gfried, Si(e)ghart, Si(e)gmar, Si(e)gmund, Sigismund, Si(e)gwald, Si(e)gward, Sigi, Si(e)ghild, Si(e)grid, Si(e)glind(e), Si(e)grun *(alte deutsche Namen: sigu hieß bei germanischen Völkern Sieg)*
das **Sie|gel**, die Siegel
sie|zen, er siezte sie
das **Si|gnal**, die Signale
die **Sil|be**, die Silben
das **Sil|ber**, silbern, silbrig
Silke, Silja *(friesisch für* ↗ Cäcilia)
der/das **Si|lo**, die Silos, die Silage
Silvana *(nach dem altrömischen Gott des Waldes)*
Silvester *(lateinisch: Waldmensch)*
das/der **Sil|ves|ter**
Silvia *(sagenhafte Mutter der beiden Stadtgründer Roms)*
Simeon *(hebräisch: Gott hat gehört)*
Simon, Simone *(griechisch: Gott hat gehört)*

Sina *(kurz für* Rosina = *die Rosenfarbige)*
wir **sind** froh
sin|gen, sie sang, hat gesungen
der **Sin|gu|lar** (die Einzahl)
Sinja *(russische Koseform verschiedener Namen)*
sin|ken, er sank, ist gesunken
der **Sinn**, die Sinne, sinnlos
die **Sint|flut**
die **Si|re|ne**, die Sirenen
der **Si|rup**
Sissy (↗ Elisabeth)
die **Sit|te**, die Sitten
die **Si|tu|a|ti|on**, die Situationen
sit|zen, sie saß, hat gesessen, der Sitz, die Sitzung
die **Ska|la**, die Skalen oder: die Skalas
der **Skan|dal**, die Skandale
der **Skat**
ska|ten, das Skateboard
das **Ske|lett**, die Skelette
der **Ski**, die Skier, auch: Schi
die **Skiz|ze**, die Skizzen, skizzieren
der **Skla|ve**, die Sklaven
der **Smog**, der Smogalarm
so, so|bald

Sören

die **So|cke** oder: der Socken, die Socken*
der **So|ckel**, die Sockel
so|dass/so dass
so|eben
das **So|fa**, die Sofas
Sofie (↗ Sophia)
so|fort
so|gar
so|ge|nannt/so ge|nannt
so|gleich
die **Soh|le**, die Sohlen der Schuhe, aber: die ↗ Sole
der **Sohn**, die Söhne
so|lan|ge es dauert, …
die **So|lar|ener|gie**
solch, solche
der **Sold**, die Besoldung
der **Sol|dat**, die Soldaten
die **So|le** (Salzwasser), die Solen, aber: die ↗ Sohle
sol|len, er sollte
das **So|lo**, die Solos oder: Soli
Solveig *(Nordische Völker nannten Kampf: vig.)*
der **Som|mer***, die Sommer
son|der|bar
son|dern
der **Song** (sprich: *ßong*), die Songs
Sonia, Sonja (*russisch* ↗ Sophia)
Sönke *(friesisch: Söhnchen)*
der **Sonn|abend***, die Sonnabende
(Suchst du etwas? ↗ Dienstag)
die **Son|ne***, die Sonnen, sich sonnen, sonnig
der **Sonn|tag***, die Sonntage
(Suchst du etwas? ↗ Dienstag)
sonst
so|oft es regnet, …
Sophia, Sophie *(Weisheit – Ursprung griechisch)*
der **So|pran**, die Soprane
Sören *(der Weise – griechisch)*
die **Sor|ge** ↗ 53, die Sorgen
sor|gen, er sorgte
die **Sorg|falt**, sorgfältig
die **Sor|te**, die Sorten
sor|tie|ren, sie sortierte
die **So|ße**, die Soßen, auch: die Sauce

Mond und Sonne (Gedicht aus England)
The moon on the one hand, the sun on the other. • The moon is my sister, the sun is my brother. • The moon on my left, the sun on my right. • My brother Good morning, my sister Good night.

A B C D E F G H I J K L M N O P Q R S T U V W X Y Z

Sönke

A B C D E F G H I J K L M N O P Q R **S** T U V W X Y Z

so|viel ich weiß (aber: so viel Geld)
so|wie
so|wohl als auch
so|zi|al
der **Spach|tel**, die Spachtel
die **Spa|get|ti/Spa|ghet|ti**
spä|hen, er spähte, der Späher
der **Spalt**, die Spalte
spal|ten, sie spaltete
der **Span**, die Späne
die **Span|ge**, die Spangen
der **Spa|ni|el**, die Spaniels
Spa|ni|en, die Spanier, spanisch
span|nen, er spannte, gespannt sein
span|nend, die Spannung
spa|ren, sie sparte, die Sparer, die Sparsamkeit, die Sparkasse
der **Spar|gel**, die Spargel
spar|sam, die Sparsamkeit
der **Spaß***, die Späße, spaßen
spät, spätestens
der **Spa|ten**, die Spaten
der **Spatz**, die Spatzen
spa|zie|ren gehen ↗ 14, er ging spazieren, der Spaziergang
der **Specht**, die Spechte
der **Speck**, speckig
der **Speer**, die Speere
die **Spei|che**, die Speichen
der **Spei|chel**
der **Spei|cher**, die Speicher, speichern
die **Spei|se**, die Speisen
spei|sen ↗ 33, sie speiste
die **Spen|de**, die Spenden
spen|den, er spendete
der **Speng|ler**, die Spengler
der **Sper|ling**, die Sperlinge
sper|ren, sie sperrte, die Sperre, sperrig
der **Spe|zi|a|list**, die Spezialistin, die Spezialisten

Sperling: Ein Vogel, zig Namen
Sperling, Spatz, Spaatz, Spaaz, Spatzel, Spatze, Spatzer, Spatzert, Sparrig, Spatzara, Spotz, Spelling, Sperk, Lünk, Dachlünk, Huslünk, Lün, Lüern, Lünje, Lüning, Luckser, Duckser, Fink, Husfink, Mösch, Mesch, Spunzer, Schpunzer, Schrupp, Karmasch, Husklött, Putsch, Schnazcher, Kolling

Sophie

die **Spe|zi|a|li|tät**, die Spezialitäten, spezial, speziell
der **Spie|gel**, die Spiegel, spiegeln
spie|len, er spielte, das Spiel*, die Spieler
der **Spieß**, die Spieße
der **Spi|nat**
die **Spin|ne**, die Spinnen
spin|nen, sie spann, hat gesponnen
der **Spi|on**, die Spione, spionieren
die **Spi|ra|le**, die Spiralen
der **Spi|ri|tus**
spitz, die Spitze
der **Spitz**, die Spitze
der **Spit|zel**, die Spitzel
der **Split|ter**, die Splitter
split|tern, es splitterte
der **Spon|sor**, die Sponsoren
der **Sport**, die Sportler, sportlich, die Sportschau
der **Spott**, die Spötter
spot|ten, sie spottete
die **Spra|che**, die Sprachen, sprachlich, sprachlos
as/der **Spray**, die Sprays
spre|chen ↗7, er spricht, er sprach, hat gesprochen; Sprich!

sprei|zen, er spreizte
spren|gen, sie sprengte
das **Sprich|wort**, die Sprichwörter
sprie|ßen, es spross
sprin|gen ↗18, sie sprang, ist gesprungen
der **Sprin|ger**, die Springerin, die Springer
der **Sprit**
sprit|zen, es spritzte, der Spritzer, die Spritze
die **Spros|se**, die Sprossen
der **Spruch**, die Sprüche
der **Spru|del**, die Sprudel
spru|deln, es sprudelte
sprü|hen, es sprühte
der **Sprung**, die Sprünge
spu|cken, sie spuckte, die Spucke
der **Spuk**, spuken, es spukte
die **Spu|le**, die Spulen, spulen
spü|len, er spülte, die Spülung, die Spüle
die **Spur**, die Spuren
spü|ren, sie spürte
der **Spurt**, die Spurts, spurten
sich **spu|ten**, er sputete sich
der **Staat**, die Staaten, staatlich
der **Stab**, die Stäbe
sta|bil

Steffen

der **Sta|chel**,
die Stachel,
stach(e)lig
das **Sta|di|on**, die Stadien
die **Stadt***, die Städte,
städtisch
die **Staf|fel**, die Staffeln
der **Stahl**, die Stähle, stählern
der **Stall**, die Ställe
der **Stamm**, die Stämme
stam|meln ↗7,
sie stammelte
stamp|fen, er stampfte
der **Stand**, die Stände,
der Ständer
stän|dig
die **Stan|ge**, die Stangen
der **Stän|gel**, die Stängel
stän|kern, sie stänkerte
der **Sta|pel**, die Stapel, stapeln
stap|fen, er stapfte
der **Star** (Vogel), die Stare
der **Star** (Augenkrankheit)
der **Star** (Filmstar), die Stars
stark, die Stärke, stärken
starr
star|ren ↗2, sie starrte
der **Start**, die Starts, starten
die **Sta|ti|on**, die Stationen
statt|des|sen
der **Stau**, die Staus
der **Staub**, es staubte, staubig

die **Stau|de**, die Stauden
stau|en, es staute
stau|nen, er staunte
ste|chen, sie sticht, er stach,
hat gestochen, der Stich
ste|cken, sie steckte, der
Stecker, der Stecken ↗52
Stefan, Stephan, Steffen
(griechisch: Kranz, Krone)
I: Stefano
F: Étienne (sprich: *etienn*)
GB: Steven (sprich: *ßtiewn*)
NL: Steven
H: István (sprich: *ischtwan*)
**Frauennamen: Stefanie,
Stephanie, Stefana,
Steffi, Stefania**
der **Steg**, die Stege
ste|hen, er stand
steh|len, sie stiehlt,
er stahl, hat gestohlen
steif
stei|gen, sie stieg,
die Steigung
stei|gern, er steigerte
steil
der **Stein**, die Steine, steinig
die **Stel|le**, die Stellen,
die Stellung
stel|len, sie stellte
Stel|ze, die Stelzen
stem|men, er stemmte

Stine

der **Stem|pel**, die Stempel, stempeln

Stephan (↗ Stefan)

die **Stepp|de|cke**, die Steppdecken

die **Step|pe**, die Steppen

ster|ben, sie starb, ist gestorben

ste|reo hören, die Stereoanlage

ste|ril

der **Stern***, die Sterne

stets, stetig

die **Steu|er** (Abgabe), die Steuern

das **Steu|er** (zum Lenken), die Steuer, steuern

der **Ste|ward**, die Stewards

die **Ste|war|dess**, die Stewardessen

der **Stich**, die Stiche, das Stichwort, im Stich lassen

sti|cken, sie stickte, die Stickerei

sti|ckig

der **Stie|fel**, die Stiefel*

die **Stief|el|tern**

der **Stiel**, die Stiele

der **Stier**, die Stiere

stie|ren, er stierte

der **Stift**, die Stifte

stif|ten, sie stiftete, die Stifter, die Stiftung

still, in der Stille

die **Stim|me**, die Stimmen

stim|men, es stimmte

die **Stim|mung**, die Stimmungen

Stine (*Kurzform von Namen mit der Endung -ine wie* ↗ Christine …)

stin|ken, es stank, hat gestunken

die **Stirn**, die Stirnen

stö|bern, er stöberte

sto|chern, er stocherte

der **Stock** ↗ 52, die Stöcke

sto|cken, sie stockte

das **Stock|werk**, die Stockwerke, dreistöckig

der **Stoff**, die Stoffe

stöh|nen, er stöhnte

der **Stol|len**, die Stollen (1. Weihnachtsgebäck, 2. Schachtgang im Berg)

stol|pern, sie stolperte

stolz sein, der Stolz

stol|zie|ren, er stolzierte

stop|fen, sie stopfte

der **Stop|fen**, die Stopfen

die **Stop|pel**, die Stoppeln

stop|pen, er stoppte, der Stopp, die Stoppuhr

Sven

der **Stöp|sel**,
die Stöpsel
der **Storch**, die Störche
stö|ren, sie störte,
die Störung
stör|risch
die **Sto|ry**, die Storys
sto|ßen, er stieß, der Stoß
stot|tern, sie stotterte
die **Stra|fe**, die Strafen, strafen,
strafbar, sträflich
der **Strahl**, die Strahlen
strah|len ↗5,
es strahlte, die Strahlung
die **Sträh|ne** ↗43,
die Strähnen, strähnig
stramm
stram|peln, er strampelte
der **Strand**, die Strände,
stranden
der **Strang**, die Stränge
die **Stra|pa|ze**, die Strapazen
die **Stra|ße***, die Straßen
sich **sträu|ben**, er sträubte sich
der **Strauch**, die Sträucher
der **Strauß**, die Sträuße
stre|ben, sie strebte,
die Strebe, der Streber
die **Stre|cke**, die Strecken
stre|cken, er streckte
der **Streich**, die Streiche
strei|cheln, er streichelte
strei|chen, sie strich
das **Streich|holz**,
die Streichhölzer
strei|fen, er streifte
der **Strei|fen**, die Streifen,
gestreift
der **Streik**, die Streiks, streiken
der **Streit**, die Streiterei
strei|ten, er stritt
streng, die Strenge
der **Stress**, stressig
streu|en, sie streute,
die Streu, der Streusel
der **Strich**, die Striche
der **Strick**, die Stricke
stri|cken, er strickte
das **Stroh**, der Strohhalm
der **Strolch**, die Strolche
der **Strom**, die Ströme,
die Strömung, strömen
die **Stro|phe**, die Strophen
strot|zen, sie strotzte
strub|be|lig oder: strubblig
der **Stru|del**, die Strudel
der **Strumpf**, die Strümpfe
der **Strunk**, die Strünke
strup|pig
die **Stu|be**, die Stuben
das **Stück**, die Stücke, stückeln
der **Stu|dent**, die Studentin
stu|die|ren, er studierte,
das Studium

Swantje

die **Stu|fe**, die Stufen
der **Stuhl***, die Stühle
stül|pen, er stülpte
stumm
der **Stüm|per**, die Stümper
stumpf, der Stumpfsinn
der **Stumpf**, die Stümpfe
die **Stun|de**, die Stunden, der Stundenplan, stündlich
stur, die Sturheit
der **Sturm**, die Stürme, der Stürmer, stürmisch
stür|men ↗16, es stürmte
der **Sturz**, die Stürze
stür|zen ↗16, sie stürzte
die **Stu|te**, die Stuten
stut|zen, er stutzte, stutzig
stüt|zen, sie stützte, die Stütze
das **Sub|jekt**, die Subjekte
das **Sub|stan|tiv**, die Substantive
die **Sub|trak|ti|on**, subtrahieren
su|chen ↗35, er suchte, die Suche
die **Sucht**, die Süchte
der **Sü|den**, südlich
Suitbert *(Name eines Heiligen)*
die **Sum|me**, die Summen
sum|men, sie summte
der **Sumpf**, die Sümpfe, sumpfig

die **Sün|de**, die Sünden, der Sünder, sündigen
das **Su|per**(benzin), der Supermarkt*; Das ist super!
die **Sup|pe**, die Suppen
sur|fen (sprich: *ßörfen*), sie surfte
sur|ren, es surrte
Susanna, Susanne, Suse, Susi, Susy *(biblisch: Lilie)*
DK: Susen
GB: Susan (sprich: *ßuhsn*), **Sue** (sprich: *ßuh*)
F: Suzanne (sprich: *ßüsann*), **Suzette** (sprich: *ßüsett*)
PL: Zuzanna (sprich: *susanna*)
süß*, süßen, die Süße, die Süßigkeit*
Sven, Svend, Svenja *(junger Mensch – dänischer Königsname)*
Swanhild, Swantje, Swaantje *(alter deutscher Name: Schwan + Kampf)*
Sybill, Sybille (↗ Sibylle)
Sylvia, Sylvie (↗ Silvia)
das **Sym|bol**, die Symbole
die **Sym|pa|thie**, die Sympathien, sympathisch
das **Symp|tom**, die Symptome
das **Sys|tem**, die Systeme
die **Sze|ne**, die Szenen

A B C D E F G H I J K L M N O P Q R S T U V W X Y Z

A B C D E F G H I J K L M N O P Q R S **T** U V W X Y Z

T

Tassilo

der **Ta|bak**
Tabea *(biblisch: Gazelle)*
die **Ta|bel|le**, die Tabellen
das **Ta|blett**, die Tabletts
die **Ta|blet|te**, die Tabletten
der **Ta|cho** (kurz für: Tachometer), die Tachos
der **Ta|del**, die Tadel, tadeln, tadellos
die **Ta|fel*** ↗48, die Tafeln
der **Tag***, die Tage, täglich, tagelang, tagsüber
die **Tail|le** (sprich: *tallje*), die Taillen
der **Takt**, die Takte, taktlos
das **Tal**, die Täler
der **Ta|lar**, die Talare
das **Ta|lent**, die Talente
der **Talg**
der **Ta|lis|man**
die **Talk|show** (sprich *tåk-schou*), die Talkshows
Tamara *(Dattelpalme – russisch; hebräischer Ursprung)*
das **Tan|dem**, die Tandems
Tanja (*russisch; kurz für* ↗ Tatjana)
der **Tank**, die Tanks
tan|ken, sie tankte, die Tankstelle, der Tanker
die **Tan|ne**, die Tannen
die **Tan|te***, die Tanten
der **Tanz**, die Tänze, die Tänzer, tanzen* ↗18
die **Ta|pe|te**, die Tapeten, tapezieren
tap|fer, die Tapferkeit
tar|nen, er tarnte, die Tarnung
die **Ta|sche***, die Taschen
die **Tas|se***, die Tassen
Tassilo, Thassilo, Tasso *(alter italienischer Name: Eibe)*
die **Tas|te**, die Tasten, tasten
die **Tat**, die Taten, die Täter, die Tätigkeit, tätig
Tatjana, Tatiana *(russisch-asiatisch; Bedeutung unklar)*
die **Tat|sa|che**, die Tatsachen
tat|säch|lich
tät|scheln, er tätschelte
die **Tat|ze**, die Tatzen
der **Tau** (Niederschlag)
das **Tau** (starkes Seil), die Taue, das Tauziehen
taub, taubstumm
die **Tau|be**, die Tauben
tau|chen, sie tauchte, der Taucher
tau|en, es taute
die **Tau|fe**, die Taufen, taufen
tau|gen, es taugte nichts

Thea

tau|meln,
er taumelte
tau|schen,
sie tauschte, der Tausch
täu|schen, er täuschte,
die Täuschung
tau|send, tausende/
Tausende
(Suchst du etwas? ↗ acht)
Täve (↗ Gustav)
die **Ta|xe*** oder: das Taxi,
die Taxen
Te... siehe auch bei The...
das **Team** (sprich: *tiem*),
die Teams
die **Tech|nik**, die Techniken,
die Techniker, technisch
Ted, Teddy (*englisch; kurz für* ↗ Theodor)
der **Ted|dy**, die Teddys
der **Tee***, die Tees
der **Teer**, teeren
der **Teich**, die Teiche
der **Teig**, die Teige
der/das **Teil**, die Teile, teilen
teil|neh|men, sie nahm teil,
die Teilnahme
teil|wei|se
das **Te|le|fax**
das **Te|le|fon**, die Telefone,
telefonieren, telefonisch
das **Te|le|skop**, die Teleskope

die **Te|le|vi|si|on** (kurz: TV)
der **Tel|ler***, die Teller
der **Tem|pel**, die Tempel
das **Tem|pe|ra|ment**,
die Temperamente
die **Tem|pe|ra|tur**,
die Temperaturen
das **Tem|po**, die Tempos
oder: die Tempi
das **Ten|nis**
der **Te|nor**, die Tenöre
der **Tep|pich**, die Teppiche
Teresa, Tess, Tessa, Tessy
(↗ Theresa)
der **Ter|min**, die Termine
die **Ter|ras|se**, die Terrassen
der **Ter|ror**, der Terrorist
der **Test**, die Tests oder:
die Teste, testen
das **Tes|ta|ment**,
die Testamente
teu|er*, noch teurer
der **Teu|fel**, die Teufel,
die Teufelei, teuflisch
der **Text**, die Texte
die **Tex|ti|li|en**
Thea (*Kurzform von* ↗ Dorothea *oder* ↗ Theresa)
das **The|a|ter**, die Theater
die **The|ke** ↗ 48, die Theken
Thekla (*alter griechischer Name: Gott + Ruhm, Ehre*)

Tilly

A B C D E F G H I J K L M N O P Q R S **T** U V W X Y Z

das **The|ma**,
die Themen
Theodor, Theodora,
Theodore, Theo *(Gottes-geschenk – Ursprung griechisch)*
die **The|o|lo|gie**, die Theologen
die **The|o|rie**, die Theorien,
theoretisch
die **The|ra|pie**, die Therapien
Theresa, Therese, Thery,
Thesi *(griechisch: Frau von der Insel Thera)*
GB: Teresa (sprich: *teriesa*),
Tess, Tessy
F: Thérèse (sprich: *teräs*)
E: Teresa I: Teresa
PL: Teresa (sprich: *teräßa*)
CZ: Tereza (sprich: *teresa*)
das **Ther|mo|me|ter**,
die Thermometer
die **Ther|mos|fla|sche**,
die Thermosflaschen
Thilo, Tilo (*kurz für* ↗ Dietrich, Diethelm, Dietmar)
Thomas, Tom *(biblisch: Zwilling)*
GB: Thomas
(sprich: *tommeß*), **Tommy**
F: Thomé I: Tommaso
DK: Thomas
PL: Tomasz (sprich: *tomasch*)
CZ: Toma

Thorben, Torben
(Donnergott Thor + björn = Bär)
Thorsten (↗ Torsten)
der **Thron**, die Throne
Thü|rin|gen
ti|cken, es tickte
tief, die Tiefe
das **Tier***, die Tiere
der **Ti|ger***, die Tiger
Tilde, Thilde, Tilla, Tilli,
Tilly (*kurz für* ↗ Hilde)
Till, Tillmann, Tilmann
(*Koseformen von* ↗ Dietrich, Diethelm, Dietmar)
Tim, Timo, Timm, Timmo
(*Nebenformen von* ↗ Dietmar)
Tina, Tine, Tini (*Kurzformen von Namen, die mit -ina enden:* ↗ Christina, Bettina)
Tino (*Kurzform von Namen, die mit -ino enden, z. B.* ↗ Valentino)
die **Tin|te**, die Tinten
der **Tipp**, die Tipps, tippen
der **Tisch*** ↗48, die Tische
der **Tisch|ler**, die Tischler
Tjark (*friesisch für* ↗ Dietrich)
der **Toast**, die Toasts
oder: die Toaste
to|ben, er tobte
Tobias, Tobi, Toby
(biblisch: Gott ist gütig)
die **Toch|ter**, die Töchter

Tom

der **Tod**, tödlich, todkrank, todmüde, todsicher (Achtung! Sieh auch unter tot nach!)
die **Toi|let|te***, die Toiletten
to|le|rant, die Toleranz
toll
tol|len, sie tollte
der **Toll|patsch**, die Tollpatsche
die **Toll|wut**, tollwütig
Tom, Tommy (↗ Thomas)
die **To|ma|te***, die Tomaten
die **Tom|bo|la**, die Tombolas
der **Ton**, die Töne
der **Ton** (Bodenart)
Toni, Tony, Tonio, Tonia (↗ Anton)
die **Ton|ne**, die Tonnen
der **Topf**, die Töpfe
das **Tor** ↗47, die Tore, der Torwart
der **Tor** (Narr), die Toren, töricht
der **Torf**
tor|keln, er torkelte
der **Tor|nis|ter**, die Tornister
Torsten *(altdänisch nach dem Germanengott Thor)*
die **Tor|te**, die Torten
tot, die Toten, töten, totenstill, sich totlachen
to|tal
das/der **To|to**, der Totoschein
die **Tour**, die Touren
der **Tou|rist**, die Touristin, die Touristen
tra|ben, es trabte
die **Tracht**, die Trachten
die **Tra|di|ti|on**, traditionell
der **Tra|fo** (kurz für: Transformator), die Trafos
trä|ge, die Trägheit
tra|gen ↗25, sie trug, der Träger
tra|gisch, die Tragik
trai|nie|ren, er trainierte, die Trainer, das Training
der **Trak|tor**, die Traktoren
tram|peln, sie trampelte
tram|pen (sprich: *trämpen*), er trampte, die Tramper

Toilette
Bei den Franzosen war **toilette** das Tuch, auf dem Kamm und Waschzeug lagen. Waschen, kämmen usw. hieß: **faire sa toilette** *(fähr ßa toalett)* = seine Toilette machen. Weil man fürs Klo kein vornehmes Wort hatte, nannte man es ebenfalls so.

A B C D E F G H I J K L M N O P Q R S T U V W X Y Z

Traude

das **Tram|po|lin**
die **Trä|ne**, die Tränen, die Augen tränen
der **Tran|sis|tor**, die Transistoren
das **Trans|pa|rent**, die Transparente
der **Trans|port**, die Transporte, transportieren ↗25
das **Tra|pez**, die Trapeze
die **Trau|be**, die Trauben
Traude, Traudel (*Koseform von* ↗ Gertraud *und* ↗ Waltraud)
trau|en, sie traute mir
trau|ern, er trauerte, die Trauer
die **Trau|fe**, die Traufen
der **Traum**, die Träume, träumen
trau|rig*, die Traurigkeit
die **Trau|ung**, die Trauungen
der **Tre|cker**, die Trecker
tref|fen*, sie trifft, traf, hat getroffen, der Treffer
trei|ben, sie trieb
der **Trend**, die Trends
tren|nen, er trennte, die Trennung
die **Trep|pe***, die Treppen
der **Tre|sor**, die Tresore
tre|ten ↗13, sie tritt, er trat, der Tritt; Tritt nicht daneben!
treu, die Treue, treulos
der/das **Tri|an|gel**, die Triangel
die **Tri|bü|ne**, die Tribünen
der **Tri|but**, die Tribute
der **Trich|ter**, die Trichter
der **Trick**, die Tricks
trick|sen, sie trickste
der **Trieb**, die Triebe
das **Tri|kot**, die Trikots
tril|lern, er trillerte, die Trillerpfeife
sich **trim|men**, er trimmt sich
trin|ken, sie trank, hat getrunken
das **Trio**, die Trios
trip|peln, er trippelte
Tristan (*alter keltischer Name: Waffengeklirr*)

Tresor
Ein Geldschatz heißt in **F** **trésor**, in **I** **tesoro** und in **GB** **treasure** (*trescher*).
Wir bewahren in einem Tresor Geld und andere Schätze auf.
Auch in **CZ** heißt es: **trezor**. Aber in **GB** ist dessen Name **safe** (*säif*) = sicher; **SKr**: **sef**; **PL:** **sejf** …

Tristan

der **Tritt**, die Tritte
der **Tri|umph**, die Triumphe, triumphieren
Trix, Trixa, Trixi (↗ Beatrix)
tro|cken*, die Trockenheit
trock|nen, sie trocknete
der **Trö|del**
trö|deln, sie trödelte
die **Trom|mel**, die Trommeln
die **Trom|pe|te**, die Trompeten, trompeten
die **Tro|pen**
trop|fen, es tropfte
der **Trop|fen**, die Tropfen
der **Trost**, trösten, trostlos
der **Trot|tel**, die Trottel
trot|ten ↗14, er trottete, der Trott
trotz des Regens
der **Trotz**, zum Trotz
trotz|dem
trot|zen, sie trotzte, trotzig
trüb, trübe
Trude, Trudel, Trudi (↗ Traude)
die **Tru|he**, die Truhen
die **Trüm|mer**
der **Trumpf**, die Trümpfe
der **Trupp**, die Trupps
die **Trup|pe**, die Truppen

tschau! *(italienisch: ciao)*
Tsche|chi|en, die Tschechen, tschechisch
das **T-Shirt*** (sprich: *tieschöhrt*), die T-Shirts
die **Tu|be**, die Tuben
das **Tuch**, die Tücher
tüch|tig, die Tüchtigkeit
die **Tü|cke**, die Tücken, tückisch
der **Tüm|pel**, die Tümpel
der **Tu|mult**, die Tumulte
tun, er tat, hat getan
tun|ken, er tunkte, die Tunke
der **Tun|nel**, die Tunnel oder: die Tunnels
tup|fen, sie tupfte, der Tupfer
die **Tür*** ↗47, die Türen
die **Tur|bi|ne**, die Turbinen
die **Tür|kei**, türkisch
der **Turm**, die Türme
tur|nen, sie turnte, der Turner
die **Tu|sche**, die Tuschen
tu|scheln, er tuschelte
die **Tü|te**, die Tüten
TV (↗ Television)
der **Typ**, die Typen, typisch

Ulla

A B C D E F G H I J K L M N O P Q R S T **U** V W X Y Z

U

die **U-Bahn***, die U-Bahnen

übel, das Übel, die Übelkeit, der Übeltäter

üben, sie übte, die Übung

über

Bei **„überfallen“** und ähnlichen Wörtern schlage den zweiten Wortteil nach; hier: ↗ **fallen**.

über|all

über|ei|nan|der

der **Über|fluss**, überflüssig

über|haupt

über|le|gen, sie überlegte, die Überlegung

über|lis|ten, er überlistete

über|mit|teln, die Übermittlung

über|mor|gen

über|mü|tig

über|nach|ten ↗31, sie übernachtete, die Übernachtung

über|que|ren, sie überquerte

über|ra|schen, er überraschte, die Überraschung

die **Über|sicht**, die Übersichten, übersichtlich

über|wei|sen, sie überwies, die Überweisung

über|zeu|gen, er überzeugte, überzeugt sein ↗1, die Überzeugung

üb|lich

das **U-Boot**, die U-Boote

üb|rig

üb|ri|gens

die **Übung**, die Übungen

Udo *(alter deutscher Name: geerbtes Gut)*

das **Ufer**, die Ufer

die **Uhr***, die Uhren

der **Uhu**, die Uhus

Ukw (Ultrakurzwelle)

Ulf *(dänisch: Wolf)*

der **Ulk**, ulkig

Ulla, Ula, Ursula, Ursel, Ursa, Ursine, Uschi *(römisch: Bär)*

Ulrich, Uli, Ulli, Ulrik, Ulrike *(alte deutsche Namen: Heimat + reich)*

um|ar|men, die Umarmung

um|bin|den ↗28, sie band um

um|dre|hen, die Umdrehung

um|fan|gen, der Umfang

um|ge|ben, die Umgebung

um|ge|kehrt

um|hän|gen, der Umhang

Ulf

um|her
um|kehr|ren, die Umkehr
um|kip|pen ↗21
der **Um|laut**, die Umlaute
um|lei|ten, die Umleitung
der **Um|riss**, die Umrisse
der **Um|schlag**, die Umschläge
um|so besser!
um|sonst
der **Um|stand**, die Umstände, umständlich
der **Um|weg**, die Umwege
die **Um|welt**, die Umweltverschmutzung
um|zie|hen, sie zieht um, der Umzug
un|aus|steh|lich
un|be|dingt
und
un|end|lich, die Unendlichkeit
un|ent|gelt|lich
un|ent|schie|den
un|er|hört
un|er|träg|lich
un|fair
der **Un|fall**, die Unfälle
der **Un|fug**
Un|garn, die Ungarn, ungarisch
un|ge|fähr
das **Un|ge|heu|er**, die Ungeheuer
un|ge|nü|gend
un|ge|recht, die Ungerechtigkeit
un|ge|wiss, die Ungewissheit
das **Un|ge|zie|fer**
un|ge|zo|gen
das **Un|glück**, die Unglücke, unglücklich
un|gül|tig
un|heim|lich
die **Uni|form**, die Uniformen
die **Uni|ver|si|tät**, die Universitäten
das **Un|kraut**, die Unkräuter
das **Un|recht**
uns, unser*, unsere
die **Un|schuld**, unschuldig

χώρα, die Uhrzeit
Das alte griechische Wort *hora* für „Zeit" steckt in manchen Sprachen in *Stunde*, in anderen in *Uhr*.
GB: hour *(aur)* = Stunde; **I: orologio** *(orolodscho)* = Uhr; **F: heure** *(öhr)* = Stunde; **NL: horloge** = Uhr; **E: hora** *(ora)* = Uhrzeit und Stunde; **D: Uhr**

Uta

der **Un|sinn**, unsinnig
un|ten, unter
die **Un|ter|bre|chung**, die Unterbrechungen
un|ter|ei|nan|der
die **Un|ter|füh|rung**, die Unterführungen
sich **un|ter|hal|ten** ↗7, die Unterhaltung
die **Un|ter|kunft**, die Unterkünfte
un|ter|rich|ten, der Unterricht
un|ter|schei|den, der Unterschied
un|ter|stüt|zen, die Unterstützung
un|ter|su|chen, die Untersuchung
un|ter|wegs
un|ter|wer|fen, die Unterwerfung, unterwürfig
un|ver|schämt, die Unverschämtheit
un|ver|ständ|lich
das **Un|wet|ter**, die Unwetter
un|zäh|lig
ur|alt
die **Ur|groß|el|tern**
der **Urin**
die **Ur|kun|de**, die Urkunden
der **Ur|laub***, die Urlaube
die **Ur|sa|che**, die Ursachen
der **Ur|sprung**, die Ursprünge, ursprünglich
Ursula (↗ Ulla)
das **Ur|teil**, die Urteile, urteilen
der **Ur|wald**, die Urwälder
die **USA**
Uta, Utta, Ute (↗ Udo)
Uve, Uwe, Uwo (*friesische Form von Namen wie* ↗ Udo)

Unglaubwürdiges, witzig beantwortet
Wenn einer etwas Unglaubwürdiges sagt, zeigen Kinder und Jugendliche gern auf witzige Weise, dass sie es für Unsinn halten. Sie antworten z. B. „Ich glaub, mein Hamster bohnert!“, „Ich glaubt, mein Frosch kriegt Haare!“, „Ich glaub, auf unserm Sofa liegt ein Pferd!“, „Ich glaub, unser Auto kriegt Junge!“, „Ich glaub, mein Hering trällert!“ Es gibt noch viele Wendungen mehr. Man kann auch neue erfinden.

V

Valentin

Manchmal wird V am Wortanfang wie W gesprochen. Dann steht hinter dem Wort: *(w)*.

Valentin, Valentino, Valentina *(römisch: kräftig)*
Valerie *(römisch: aus der Familie der Valerier)*
der **Vam|pir** *(w)*, die Vampire
Vanessa *(Name eines schönen Schmetterlings)*
die **Va|nil|le** *(w)*
die **Va|se** *(w)*, die Vasen
der **Va|ter***, die Väter, väterlich, das Vaterunser
der **Ve|ge|ta|ri|er** *(w)*, die Vegetarier, vegetarisch
die **Ve|ge|ta|ti|on** *(w)*
das **Veil|chen**, die Veilchen
das **Ven|til** *(w)*, die Ventile
der **Ven|ti|la|tor** *(w)*, die Ventilatoren
Vera *(russisch: Zuversicht)*
ver|ach|ten, die Verachtung
die **Ve|ran|da** *(w)*, die Veranden

Bei **„verantworten"** und ähnlichen Wörtern schlage den zweiten Wortteil nach; hier: ↗ **antworten**.

ver|an|stal|ten, die Veranstaltung
die **Ver|ant|wor|tung**, verantwortlich
das **Verb** *(w)*, die Verben
der **Ver|band**, die Verbände
ver|bes|sern, die Verbesserung
ver|bie|ten, das Verbot
ver|brau|chen, der Verbraucher
ver|bren|nen, es verbrannte, die Verbrennung
der **Ver|dacht**, verdächtigen, verdächtig
ver|dau|en, sie verdaute, die Verdauung
ver|der|ben, es verdirbt, verdarb, das Verderben
sich **ver|drü|cken** ↗ 15
ver|duns|ten, es verdunstete, die Verdunstung
ver|dutzt
der **Ver|ein**, die Vereine, sich vereinen
Verena *(römisch: die Scheue)*
die **Ver|fas|sung**, die Verfassungen
ver|flixt
die **Ver|gan|gen|heit**
ver|ge|ben, die Vergebung, vergeblich

Veronique

ver|ges|sen, sie vergisst, er vergaß; Vergiss nicht!, vergesslich

das **Ver|giss|mein|nicht**

ver|glei|chen, er verglich, der Vergleich

sich **ver|gnü|gen**, sie vergnügte sich, das Vergnügen

ver|grö|ßern, sie vergrößerte, die Vergrößerung

der **Ver|kehr**

ver|kehrt

ver|lan|gen, er verlangte

ver|län|gern, er verlängerte, die Verlängerung

ver|let|zen, sie verletzte, die Verletzung

ver|lie|ren, er verlor

die **Ver|lo|sung**

der **Ver|lust**, die Verluste

ver|mis|sen, sie vermisste

das **Ver|mö|gen**, die Vermögen

ver|mu|ten ↗1, er vermutete, die Vermutung, vermutlich

ver|nich|ten, er vernichtete, die Vernichtung

die **Ver|nunft**, vernünftig

Veronika, Veronique, Verona *(griechisch: Siegbringerin)*

ver|pet|zen, sie verpetzte

der **Ver|rat**, der Verräter

ver|ren|ken, er verrenkte, die Verrenkung

ver|rückt, die Verrückten

der **Vers**, die Verse

ver|säu|men, sie versäumte, das Versäumnis

ver|schlin|gen ↗34, er verschlang, hat verschlungen

die **Ver|schmut|zung**, verschmutzen

ver|schwin|den ↗15, es verschwand, ist verschwunden

das **Ver|se|hen**, aus Versehen

ver|set|zen ↗11

sich **ver|spä|ten**, sie verspätete sich, die Verspätung

der **Ver|stand**, das Verständnis, verständlich

Bei **„verstehen"** und ähnlichen Wörtern schlage den zweiten Wortteil nach; hier: ↗**stehen**.

ver|tei|di|gen, er verteidigte, die Verteidigung

ver|til|gen ↗34, er vertilgte

der **Ver|trag**, die Verträge

ver|un|glü|cken, sie verunglückte

Vincent

ver|wah|ren,
sie verwahrte
ver|wandt,
die Verwandten,
die Verwandtschaft
ver|wech|seln,
die Verwechslung
ver|wöh|nen,
er verwöhnte
ver|zeh|ren ↗33,
sie verzehrte
das **Ver|zeich|nis**,
die Verzeichnisse
ver|zei|hen, sie verzieh,
die Verzeihung
ver|zich|ten, er verzichtete,
der Verzicht
die **Ver|zweif|lung**
der **Vet|ter**, die Vettern
Vico (*kurz für* ↗ Ludovico)
Victor, Viktor, Victoria
(*römisch: Sieger*)
das **Vieh**
viel, aber: ich ↗ fiel
viel|leicht*
viel|mals

vier*, vierzehn, vierzig,
das Viereck, viereckig
vier|tel, das Viertel

klein: um viertel acht
drei viertel Kilo
groß:
ein Viertel aller Kinder
um Viertel nach sieben
freie Wahl:
eine Viertelstunde
eine viertel Stunde

Viktoria (↗ Victoria)
die **Vil|la** (*w*), die Villen
Vincenz, Vincent, Vinzent,
Vincenzo (*römisch: Sieger*)
Viola, Violetta, Violet
(*römisch: Veilchen*)
vi|o|lett* (*w*)
die **Vi|o|li|ne** (*w*), die Violinen
Virginia (*aus der römischen Virginius-Familie*)
das **Vi|ta|min** (*w*), die Vitamine
Vivian, Viviana, Vivien,
Viviane (*römisch: munter*)
der **Vo|gel***, die Vögel,
die Vogelscheuche

Vogel
GB: A bird in the hand is better than two in the bush. (*ä börd in ðe händ is better ðän tuu in ðe busch*) **E: Mas vale pájaro en mano que cientos volando.** (*… pácharo en mano ke ðientos …*) = Besser ein Vogel in der Hand als hundert fliegende. **D:** …

Volker

A B C D E F G H I J K L M N O P Q R S T U **V** W X Y Z

der **Vo|kal** *(w)*,
die Vokale
das **Volk**, die Völker
Volkard, Volkart,
Volkhart *(alter deutscher Name: Kriegsvolk + hart)*
Volker *(alter deutscher Name: Kriegsvolk + Heer)*
Volkmar *(alter deutscher Name: Kriegsvolk + berühmt)*
Volko *(Kurzform zu Namen mit Volk-)*
voll, völlig, vollständig
vom ersten Tag an
von Anfang an
vo|ran
vo|raus|sicht|lich
vor|bei
der **Vor|der|fuß**,
das Vorderrad
die **Vor|fahrt**
der **Vor|hang**,
die Vorhänge
vor|her
vo|ri|ge Woche

vor|kom|men ↗27,
es kam vor
vor|läu|fig
vor|laut
der **Vor|mit|tag***,
die Vormittage
(Suchst du etwas? ↗ Abend)
vorn
vor|nehm
der **Vor|rat**, die Vorräte
der **Vor|schlag**, die Vorschläge
die **Vor|schrift**,
die Vorschriften
die **Vor|sicht**, vorsichtig
vor|stel|len, die Vorstellung
der **Vor|teil**, die Vorteile
vor|tra|gen, der Vortrag
vo|rü|ber, vorübergehend
vor|wärts
vor|wer|fen, der Vorwurf
der **Vul|kan** *(w)*, die Vulkane

Wahre Vornamen
Eltern müssen Kinder nach der Geburt auf dem Standesamt anmelden und den gewünschten Vornamen nennen. Die Standesbeamten dürfen Namen ablehnen. Abgelehnte Namen sind z. B. Domino, Gott, Jazz, McDonald, Omo, Schnucki, Störenfried, Verleihnix. Aber Pepsi-Carola, Pumuckl und Winnetou wurden erlaubt. (Die Kinder kann man ja noch nicht fragen.)

W

Waltraud

Siehe auch V!

die **Waa|ge**, die Waagen
die **Wa|be**, die Waben
wach, wachsam
wa|chen, sie wachte
das **Wachs**, die Wachse
wach|sen, er wuchs
wa|ckeln, er wackelte
wack|lig oder: wackelig
die **Wa|de**, die Waden
die **Waf|fe**, die Waffen
die **Waf|fel**, die Waffeln
wa|gen, sie wagte
der **Wa|gen***, die Wagen
der **Wag|gon/Wa|gon**, die Waggons/Wagons
die **Wahl**, die Wahlen
wäh|len, sie wählte
der **Wahn|sinn**, wahnsinnig
wahr, die Wahrheit, aber: es ↗ war
wäh|rend
wahr|schein|lich
die **Wäh|rung**, die Währungen
die **Wai|se**, die Waisen, aber: die ↗ Weise
der **Wal**, die Wale
Walburga *(alter deutscher Name: herrschen + Burg)*
der **Wald**, die Wälder
Waldemar *(alter deutscher Name: herrschen + groß)*
der **Wall**, die Wälle
die **Wal|nuss**, die Walnüsse
Walter, Walther *(Heerführer – alter deutscher Name)*
Waltraud, Waltraut *(alter deutscher Name: herrschen + Stärke)*
die **Wal|ze**, die Walzen
die **Wand***, die Wände
wan|dern, er wanderte, die Wanderung
wann
die **Wan|ne**, die Wannen
das **Wap|pen**, die Wappen
es **war** einmal, aber: ↗ wahr
es **wä|re** schön, wenn ...
die **Wa|re**, die Waren
warm, die Wärme
war|nen, sie warnte, die Warnung
du **warst**, ihr wart (Grundform ↗ sein)
war|ten, sie wartete
der **Wär|ter**, die Wärter
wa|rum*
die **War|ze**, die Warzen
was* heißt das?

Werner

wa|schen, er wäscht, sie wusch, die Wäsche
das **Was|ser***, wasserdicht
wa|ten, sie watete
wat|scheln, er watschelte
das **Watt** (1. Wattenmeer, 2. Leistung des elektrischen Stroms)
die **Wat|te**
das **WC**, die WCs
we|ben, er webte, die Weber
wech|seln, sie wechselte
we|cken, er weckte, der Wecker*
we|deln, sie wedelte
we|der
Geh **weg**!
der **Weg** ↗50, die Wege
we|gen
weg|neh|men
weg|wer|fen
weh, es tut weh, die Wehe
we|hen, es wehte
weh|ren, er wehrte sich
das **Weh|weh|chen**
das **Weib** ↗39, die Weiber
weich
die **Wei|che**, die Weichen
wei|chen, sie wich
die **Wei|de**, die Weiden (1. Baum, 2. Viehweide)
sich **wei|den** ↗4, er weidete sich
sich **wei|gern**, sie weigerte sich, die Weigerung
die **Wei|he**, die Weihen, das Weihwasser
das **Weih|nach|ten*** oder: die Weihnacht, der Weihnachtstag, der Weihnachtsbaum
weil
die **Wei|le** ↗55
der **Wein**, die Weine
wei|nen ↗6, er weinte
wei|se sein, die Weisheit
die **Wei|se**, Art und Weise, aber: die ↗Waise

„Frohe Weihnachten!“
GB: Merry Christmas! *(… krißmes)*; **F: Joyeux Noël!** *(~~sch~~oajöh …)*; **I: Buon Natale!**; **DK: Glædelig jul!** *(gläðelie jul)*; **PL: Wesołych Świąt!** *(weßouich ~~sch~~wiant)*; **NL: Prettige Kerstdagen!** *(pretteche kerstdaachen)*; **E: ¡Feliz Navidad!** *(felið navidad)*; **CZ: Veselé vánoce!** *(väsälä vaanotze)*

Wera

wei|sen,
sie wies den Weg
weiß*

klein: die weiße Fahne hissen
eine weiße Weste haben
groß:
ein Weißer (weißer Mensch)
die Farbe Weiß

weit, weiter, die Weite

freie Wahl:
bei weitem/Weitem am größten
ohne weiteres/Weiteres
bis auf weiteres/Weiteres
Sie sah ihn von weitem/Weitem.
groß: Er sucht das Weite.
Alles Weitere folgt später.
des Weiteren

der **Wei|zen**
wel|che, welcher
wel|ken, es welkte, welk
die **Wel|le**, die Wellen
die **Welt***, der Weltraum
wem vertraust du?
wen siehst du?
(sich) **wen|den**, er wendete sich (auch: sie wandte sich), die Wendung
we|nig, wenigstens
wenn du kommst
wer*
Wera (↗ Vera)

wer|ben, sie wirbt, er warb, hat geworben
die **Wer|bung**
wer|den, es wird, es wurde, ist geworden
wer|fen ↗ 32, sie wirft, warf, hat geworfen; Wirf!
die **Werft**, die Werften
das **Werk**, die Werke, werken
die **Werk|statt**, die Werkstätten
das **Werk|zeug**, die Werkzeuge
Werner, Wernher
(alter deutscher Name: Mann aus dem Volk der Warnen + Heer)
wert sein, viel wert
der **Wert**, die Werte, wertvoll
we|sent|lich
wes|halb
die **Wes|pe**, die Wespen
wes|sen
die **Wes|te**, die Westen
der **Wes|ten**, westlich
West|fa|len, westfälisch
wes|we|gen
wet|ten, er wettete, die Wette, der Wettkampf
das **Wet|ter***, die Wettervorhersage
wet|zen, sie wetzte

A B C D E F G H I J K L M N O P Q R S T U V W X Y Z

A B C D E F G H I J K L M N O P Q R S T U V **W** X Y Z

Wilma

Wibke, Wiebke
(alter deutscher Name: darin steckt wig = Kampf)
wich|tig
wi|ckeln, er wickelte
wi|der (gegen),
aber: ↗ wieder

> **Verben:**
> widersprechen, widerrufen
> **Nomen/Substantive:**
> der Widerspruch, der Widerruf, der Widersacher, der Widerstand, der Widerwille, die Widerworte
> **Adjektive:**
> widerlich, widerwillig

wi|der|lich
wid|men, sie widmete, die Widmung
wie*
Wiebke (↗ Wibke)
wie|der (noch einmal),
aber: ↗ wider
wie|der|ho|len, die Wiederholung
das **Wie|der|se|hen**
die **Wie|ge**, die Wiegen
wie|gen, sie wog
wie|hern, es wieherte
die **Wie|se**, die Wiesen
das **Wie|sel**, die Wiesel

wie|so
wie viel, wie viele
wild*, die Wildnis
das **Wild**
Wilfried *(alter deutscher Name: Wille + Friede)*
Wilhelm, Willi, Willy, Wilhelmine, Wilhelma, Wim, William, Wilma
(alter deutscher Name: Wille + Helm)
der **Wil|le**

> **groß:** Ich tue es wider Willen. Ich bin guten Willens.
> **klein:** Um Himmels willen!
> **zusammen:** um meinetwillen

wil|lig
will|kom|men
will|kür|lich
Wiltraud, Wiltrud, Wiltrude *(alter deutscher Name: Wille + Stärke)*
wim|meln, es wimmelte, das Gewimmel
wim|mern ↗6, er wimmerte
der **Wim|pel**, die Wimpel
die **Wim|per**, die Wimpern
der **Wind***, die Winde, windig
die **Win|del**, die Windeln
win|den, er wand, gewunden, die Windung

Wolfgang

Winfried *(alter deutscher Name: Freund + Friede)*
der **Win|kel**, die Winkel
win|ken, sie winkte, hat gewinkt (gewunken ist falsch!)
win|seln, er winselte
der **Win|ter***, die Winter
der **Win|zer**, die Winzer
win|zig ↗56
wip|pen, sie wippte, die Wippe
wir*
der **Wir|bel**, die Wirbel, wirbeln
wir|ken, es wirkte, die Wirkung
wirk|lich, die Wirklichkeit
wirr, der Wirrwarr
der **Wirt**, die Wirte, die Wirtschaft
wi|schen, er wischte, der Wischer

wis|sen*, sie weiß, er wusste, das Wissen, die Wissenschaft
die **Wit|te|rung**
die **Wit|we**, die Witwen
der **Witz***, die Witze, witzig
wo*
die **Wo|che***, die Wochen
wo|für
die **Wo|ge**, die Wogen
wo|her, wohin
wohl; zum Wohl!
woh|nen, er wohnte, die Wohnung
der **Wolf**, die Wölfe
Wolf *(alter deutscher Name)*
Wolfgang *(alter deutscher Name: Wolf + Streit)*
die **Wol|ke***, die Wolken
die **Wol|le**
wol|len, sie will, sie wollte

A B C D E F G H I J K L M N O P Q R S T U V W X Y Z

Wind international: Hurrican, Tornado, Taifun und Orkan

Vor vielen hundert Jahren brachten spanische Seefahrer von den eingeborenen Inselbewohnern Mittelamerikas den Namen für einen schrecklichen Wirbelsturm mit. Sie sprachen von einem *huracan*. Daraus wurde im Laufe der Zeit bei den Engländern *hurrican* und bei den Holländern *orkaan*. Einen ähnlich schrecklichen Sturm nannten die Chinesen *taio fung* (großer Wind). Als die heutigen USA noch englische Kolonie waren, lernten die Engländer wüste Stürme kennen, die sie nach dem spanischen Wort *tronada* nannten.

Yvonne

wo|ran
wo|rauf
wo|raus
das **Wort***, die Wörter
oder: die Worte, wortlos
wo|rü|ber
wo|rum
wo|von
das **Wrack**, die Wracks
die **Wucht**, wuchtig
wüh|len, er wühlte
wund sein, die Wunde
das **Wun|der**, die Wunder,
wunderbar ↗59
sich **wun|dern**
der **Wunsch**, die Wünsche
wün|schen, sie wünschte
der **Wurf**, die Würfe
der **Wür|fel***, die Würfel
wür|gen, sie würgte
der **Wurm**, die Würmer
die **Wurst***, die Würste
die **Wür|ze**, würzig
die **Wur|zel**, die Wurzeln
die **Wut**, wütend

X

die **X-Bei|ne**
x-be|lie|big
Xenia
(griechisch: Gastfreundin)
das **Xy|lo|phon**, die Xylophone,
auch: Xylofon

Y

die **Yacht**, auch: Jacht
Yannic, Yannick, Yannik,
Yannis
(*französisch* ↗ Johannes)
das **Yp|si|lon**
Yusuf (*türkisch für* ↗ Josef)
Yvo, Yves, Yvonne
(Eibe – französischer Name)

Z

Zacharias

Zacharias
(biblisch: Gott erinnert sich an mich)

die **Za|cke** oder: der Zacken, die Zacken, gezackt
zäh, die Zähigkeit
die **Zahl***, die Zahlen
zah|len, sie zahlte, die Zahlung
zäh|len, er zählte, der Zähler
zahm, gezähmt
der **Zahn***, die Zähne, die Zahnpasta
die **Zan|ge**, die Zangen
zan|ken, er zankte, der Zank, zänkisch
der **Zap|fen**, die Zapfen, das Zäpfchen
zap|peln, sie zappelte
zart, zärtlich, die Zärtlichkeit
zau|bern, er zauberte, der Zauberer*

der **Zaun**, die Zäune
Zäzilie (↗ Cäcilie)
zau|sen ↗ 26, sie zauste
z. B. (zum Beispiel)
das **Ze|bra**, die Zebras, der Zebrastreifen
die **Ze|cke**, die Zecken
die **Ze|he*** oder: der Zeh, die Zehen
zehn*, ein Zehntel
(Suchst du etwas? ↗ acht)
das **Zei|chen**, die Zeichen
zeich|nen, er zeichnete, die Zeichnung
zei|gen, sie zeigte, der Zeiger
die **Zei|le**, die Zeilen
die **Zeit*** ↗ 55, die Zeiten, eine Zeit lang
die **Zeit|schrift**, die Zeitschriften
die **Zei|tung**, die Zeitungen
die **Zel|le**, die Zellen
das **Zel|lo|phan**
das **Zelt**, die Zelte
der **Ze|ment**, zementieren

Zebra, zèbre, zèbra
Wer Neues kennen lernt, lernt den Namen gleich mit. Als die Europäer in Afrika **Zebras** kennen lernten, nannten sie das Tier so wie die schwarzen Eingeborenen: **NL, DK, TR, GB, I, PL**: **zebra**; **F: zèbre**; **E: cebra**; **SKr**: **zèbra** *(seebra)*; **CZ: žebra** *(schebra)*

Ziska

die **Zen|sur**, die Zensuren, zensieren
der **Zent|ner**, die Zentner
das **Zen|trum**, die Zentren
zer|ren ↗26, sie zerrte, die Zerrung
zer|stö|ren, er zerstörte
der **Zet|tel**, die Zettel
das **Zeug**
der **Zeu|ge**, die Zeugen
das **Zeug|nis**, die Zeugnisse
im **Zick|zack** laufen
die **Zie|ge**, die Ziegen
der **Zie|gel**, die Ziegel
zie|hen ↗26, sie zog
das **Ziel**, die Ziele, zielen
ziem|lich
die **Zier**, zierlich
sich **zie|ren**, er zierte sich
die **Zif|fer**, die Ziffern
zig, zigmal
die **Zi|ga|ret|te**, die Zigaretten
die **Zi|gar|re**, die Zigarren
das **Zim|mer***, die Zimmer
der **Zim|mer|mann**, die Zimmerleute
zim|per|lich
der **Zimt**
das **Zinn**
der **Zins**, die Zinsen

der **Zip|fel**, die Zipfel
der **Zir|kel**, die Zirkel
der **Zir|kus**, die Zirkusse
zir|pen, es zirpte
zi|schen ↗7, es zischte
Ziska, Zissi, Zissy (*Kurzform von* ↗ Franziska)
Zita (*Kurzform von* ↗ Felizitas)
die **Zi|tro|ne***, die Zitronen
zit|tern, sie zitterte
die **Zit|ze**, die Zitzen
zi|vil, der Zivilist
Zoe (sprich: *zoë*) (*griechisch: Leben*)
der **Zoff**, er hat Zoff
zö|gern, sie zögerte
der **Zoll**, die Zölle, der Zöllner
Zoltan (sprich: *soltan*) (*ungarisch: nach dem türkischen Titel „Sultan“*)
die **Zo|ne**, die Zonen
der **Zoo**, die Zoos
der **Zopf**, die Zöpfe
der **Zorn**, zornig
zu
zu|al|ler|erst
die **Zuc|chi|ni**
die **Zucht**, züchten
zu|cken, es zuckte
der **Zu|cker***, zuckern
zu|ei|nan|der
zu|erst

Zoltan

der **Zu|fall**,
die Zufälle,
zufällig
zu|frie|den,
die Zufriedenheit
der **Zug***, die Züge
der **Zü|gel**, die Zügel
zü|gig
zu|gleich
zu Hau|se sein
der **Zu|hö|rer**, die Zuhörer
die **Zu|kunft**, zukünftig
zu|letzt
mir **zu|lie|be**
zum (zu dem Auto)
zu|ma|chen ↗30,
sie machte zu
zu|min|dest
zu|mu|ten
zu|nächst
zün|den, er zündete
die **Zun|ge***, die Zungen
zup|fen ↗26, sie zupfte
zur (zu der Oma)
zu|rück
zu|sam|men
zu|sätz|lich, der Zusatz
zu|schla|gen ↗30,
er schlug zu
der **Zu|stand**
zu|trau|lich
zu|ver|läs|sig

zu|ver|sicht|lich
zu viel, zu wenig
zu|wi|der
zu|zie|hen ↗30, er zog zu
der **Zwang**, die Zwänge
zwan|zig*
zwar
der **Zweck**, die Zwecke,
zwecklos
zwei*, zweihundert,
zu zweit/zu zweien
(Suchst du etwas? ↗acht)
der **Zwei|fel**, die Zweifel,
zweifeln
der **Zweig**, die Zweige
der **Zwerg**, die Zwerge
die **Zwet|sche/Zwetsch|ge**
zwi|cken, es zwickte
der **Zwie|back**, die Zwiebäcke
die **Zwie|bel***, die Zwiebeln
der **Zwil|ling**, die Zwillinge
zwin|gen, sie zwang,
hat gezwungen
der **Zwin|ger**, die Zwinger
zwin|kern, sie zwinkerte
der **Zwirn**, die Zwirne
zwi|schen, der Zwischen-
fall, der Zwischenraum
zwit|schern, es zwitscherte
zwölf*
der **Zy|lin|der**, die Zylinder
(sprich: *zilinder*)

Schreiben mit Profis

Zu diesem Kapitel

In diesem Kapitel findet ihr viele Ideen, wie man richtig schreibt, abwechslungsreich formuliert und richtige Sätze aufbaut. Dazu findet ihr Sätze und Texte von Leuten, die etwas vom Schreiben verstehen – nämlich Schriftsteller. Ihre Bücher sind:

Kirsten Boie: King-Kong, das Zirkusschwein. Oetinger 1992
Achim Bröger: Pizza und Oskar gehen zur Schule. Arena 1995 (Illustrationen von Gisela Kalow)
Peter Härtling: Theo haut ab. Beltz & Gelberg 1992
Erich Kästner: Emil und die Detektive. Cecilie Dressler/Atrium 2002 (Illustrationen von Walter Trier)
Irina Korschunow: Das große Wawuschelbuch. dtv junior 2004 (Illustrationen von Erich Hölle)
James Krüss: Mein Urgroßvater und ich. Oetinger, Lizenzausgabe Otto Maier, Ravensburg 1987 (Illustrationen von Jochen Bartsch)
Paul Maar: Eine Woche voller Samstage. Oetinger 1986 (Illustrationen von Paul Maar)
Christine Nöstlinger: Wir pfeifen auf den Gurkenkönig. Rowohlt 1987
Mirjam Pressler: Wenn das Glück kommt, … Beltz & Gelberg 1995
Otfried Preußler: Die kleine Hexe. Thienemanns 1999 (Illustrationen von Winnie Gebhardt-Gayler)

Wer eines dieser Bücher hat, kann immer wieder mal nachschlagen: Die Zahlen hinter dem Autorennamen sind die Seitenzahlen.
(Von einigen Büchern gibt es verschiedene Ausgaben. Dann sind die Seitenzahlen etwas verschoben.)

Wortfelder

Hier könnt ihr treffende Wörter finden. Tim will zum Beispiel schreiben: „Sie meckerte ihn an." Aber dann denkt er, *meckern* trifft nicht genau, was er meint. Er schlägt im Wörterverzeichnis nach. Aha, hinter *meckern* steht ↗**8**.
Nun schlägt er hier in diesem Kapitel bei **8** nach. Da findet er weitere Wörter mit verwandtem Sinn zu *meckern*. Sie sind **fett schwarz**. Dazu gibt es einen Beispielsatz, sodass Tim ihren Sinn besser versteht. Jetzt findet er das passende Wort.
(Übrigens: Die **fett roten** Wörter gebrauchen Kinder besonders häufig. Das haben zwei Professoren erforscht.)

Wortfelder Verben (Zeitwörter, Tunwörter)

Inhalt in alphabetischer Reihenfolge:

1 glauben

meinen er hat gemeint	Andreas meinte, dass er die Neugier der Neapolitaner errege. *(Krüss 27)*
überzeugt sein er ist überzeugt	Er war davon überzeugt, dass ihnen die Welt immer so erschiene ... *(Krüss 206)*
vermuten er hat vermutet	Der Boy vermutete, der Dieb wohne auf Zimmer 61. *(Kästner 79)*

2 sehen

blicken er hat geblickt	Manchmal blickte er zur Mutter hinüber. *(Kästner 28)*
gucken sie guckte, sie hat geguckt	Er sitzt neben Michi und guckt in die Manege. *(Boie 27)*
schauen sie schaute, sie hat geschaut	Ich stelle mich ans Fenster und tue, als schaute ich hinaus. *(Pressler 112)*

3 ansehen

anschauen wir schauten an	Wir haben uns dann den Fernseh-Krimi angeschaut. *(Nöstlinger 18)*
betrachten er hat betrachtet	Er betrachtete ihn von allen Seiten ... *(Krüss 27)*
mustern er hat gemustert	Der Uhu musterte die Reisenden der Reihe nach mit großen Eulenaugen. *(Krüss 194)*

4 sich freuen siehe auch 5: lachen

jauchzen sie jauchzten, sie haben gejauchzt	Jauchzend stürzten sich die Kinder auf die fetten Bissen. *(Preußler 91)*
jubeln sie haben gejubelt	Die Kinder jubelten, weil die großen Jungen nicht wiederkommen würden. *(Preußler 85)*
sich weiden sie hat sich geweidet	Die Obergroßmutter weidete sich am Lob und Erstaunen ringsum. *(Krüss 214)*

5 lachen siehe auch 4: sich freuen

kichern sie hat gekichert	Sie kicherte: „Weil es mir Spaß macht! Hihi!" *(Preußler 28)*
schmunzeln sie schmunzelten, sie haben geschmunzelt	Wiederum ging der Schuss daneben. Die Leute begannen zu schmunzeln. *(Preußler 65)*
strahlen er hat gestrahlt	„Na, was sagst du nun?", fragte Gustav und strahlte übers ganze Gesicht. *(Kästner 58)*

6 weinen

heulen ich heulte, habe geheult	Ich war richtig verzweifelt. Am liebsten hätte ich geheult. *(Nöstlinger 40)*
schluchzen ich schluchzte	Und dann bin ich der Mama um den Hals gefallen und habe geschluchzt. *(Nöstlinger 111)*
wimmern er wimmerte, er hat gewimmert	Seine Angst ist so mächtig, dass er wimmert. *(Härtling 62)*

7 sprechen siehe auch 8 schimpfen, 10 fragen und 11 antworten

quatschen er quatschte	Da waren wir auch still. Nur der Nick hat gequatscht. *(Nöstlinger 44)*
reden ich habe geredet	Friesisch sprach ich zu Hause, und Deutsch redete ich in der Schule. *(Krüss 16)*
schwätzen sie haben geschwätzt	Bis in die Nacht hinein saßen die beiden und erzählten und schwätzten. *(Krüss 43)*
flüstern sie hat geflüstert	Die Nachbarin flüsterte hinter der vorgehaltenen Hand. *(Krüss 15)*
murmeln er hat gemurmelt	Herr Taschenbier murmelte etwas Unverständliches. *(Maar 24)*
zischen sie hat gezischt	„Ich werde ihr einen Schweinsrüssel anhexen!", zischte die kleine Hexe. *(Preußler 19)*

8 schimpfen siehe auch 9: schreien

fluchen er hat geflucht	„Verdammt noch mal!", fluchte der Kutscher. *(Preußler 52)*
meckern sie meckerte, sie hat gemeckert	Die hat immer was zu meckern. *(Maar 36)*
schnauzen er hat geschnauzt	„Wenn ich sage, Sie sollen gehen, dann gehen Sie, verstanden!", schnauzte Herr Oberstein. *(Maar 76)*

9 schreien siehe auch 8: schimpfen

brüllen er hat gebrüllt	Er brüllte: „Los! Hinter ihm her!" *(Kästner 41)*
grölen sie grölten, sie haben gegrölt	Besoffene grölen. *(Härtling 34)*
kreischen er hat gekreischt	„Was tust du nur!", kreischte Abraxas. *(Preußler 125)*

10 fragen

sich erkundigen er erkundigte sich	Ich habe mich beim Nick erkundigt, wie der Ausflug war. *(Nöstlinger 35)*
forschen er forschte	„Hast du es dem Papa versprochen?", habe ich geforscht. *(Nöstlinger 101)*
interviewen sie interviewte, er hat interviewt	Interviewen heißt ausfragen. *(Kästner 93)*

11 antworten

entgegnen er hat entgegnet	„Ich helfe den guten Menschen, indem ich den schlechten Böses zufüge." Abraxas entgegnete: „Muss das sein?" *(Preußler 40)*
erwidern er erwiderte, er hat erwidert	„Hast du keine Familie?" „Nein", erwidert Papa Schnuff. *(Härtling 40)*
versetzen sie hat versetzt	„Bist du etwa unzufrieden?" – „Das nicht", versetzte Rumpumpel. *(Preußler 116)*

12 rufen

ausrufen sie hat ausgerufen	… als plötzlich die Oberhexe entrüstet ausrief: „Und so etwas …!" *(Preußler 119)*
dazwischenrufen er hat dazwischen-gerufen	„Halt!", rief der Rabe Abraxas dazwischen. *(Preußler 56)*
lärmen sie haben gelärmt	„Wir verlangen es!", lärmten die Hexen, und am lautesten lärmte Rumpumpel. *(Preußler 15)*

13 gehen **siehe auch 14: spazieren; langsam, ziellos gehen**

drängeln sie haben gedrängelt	Alle drängelten aus dem Klassenraum. *(Bröger 40)*
treten sie tritt, sie ist getreten	Sie trat an den Wagen und griff nach der Peitsche. *(Preußler 50)*
ziehen sie zogen, sie sind gezogen	Sie ziehen auf den Spielplatz. *(Kästner 23)*

14 spazieren; langsam, ziellos gehen **siehe auch 13: gehen**

schlendern er schlen-derte, er ist geschlendert	Laut und vergnügt vor sich hin pfeifend kam er herangeschlendert. *(Preußler 50)*
spazieren sie sind spaziert	Sie spazierten nebeneinander den Geh-steig hinunter. *(Bröger 70)*
trotten er ist getrottet	Ganz langsam trottete Theo über den Platz. *(Härtling 33)*

15 weggehen **siehe auch 17: wegrennen**

abhauen er haute ab, er ist abgehauen	„So, und nun haut gefälligst ab!" *(Kästner 61)*
sich verdrücken ich habe mich verdrückt	Als die Obergroßmutter zu reden anfing, verdrückte ich mich schnell. *(Krüss 186)*
verschwinden sie verschwand	„Ich mach den Kack nicht!", sagt Michi böse, als Frau Schöller verschwunden ist. *(Boie 35)*

16 rennen

flitzen er flitzte, ist geflitzt	Jan-Arne flitzt an der Mama vorbei aus der Tür. *(Boie 36)*
stürmen sie stürmten	Sie kamen mit lautem Geschrei aus dem Wald gestürmt. *(Preußler 84)*
stürzen er ist gestürzt	Der Herr Vorsteher stürzte zornig aus seinem Zimmer. *(Kästner 85)*

17 wegrennen siehe auch 15: weggehen

ausreißen er riss aus, er ist ausgerissen	Wenn der Mann ausreißt, haben wir Geld genug, ihn zu verfolgen. *(Kästner 80)*
das Weite suchen er hat das Weite gesucht	Sie suchten entsetzt das Weite. *(Preußler 85)*
flüchten wir flüchteten	Wir sind vor dem Wind geflüchtet. *(Krüss 130)*

18 springen

hopsen sie sind gehopst	Die Kaninchen hopsten dem Fuchs vor dem Schnabel herum. *(Preußler 98)*
hüpfen er ist gehüpft	Er hüpfte von einem Bein auf das andere. *(Preußler 16)*
tanzen sie hat getanzt	Die kleine Hexe tanzte auf bloßen Füßen durchs Hexenhaus. *(Preußler 21)*

19 fliegen

flattern er hat geflattert, aber: er ist entgegengeflattert	Der Rabe spreizte die Flügel und flatterte der kleinen Hexe entgegen. *(Preußler 16)*
schweben sie sind geschwebt	(Auf dem Hexenbesen:) Sie schwebten gemächlich dem Wald zu. *(Preußler 28)*
schwirren sie sind geschwirrt	... dass die Splitter dem Kegeljungen nur so um die Ohren schwirrten. *(Preußler 105)*

20 ankommen

eintreffen er traf ein, er ist eingetroffen — Das Beste wird sein, ihr wartet, bis Gustav aus dem Hotel eintrifft. *(Kästner 78)*

erreichen wir haben erreicht — Als es dunkel wurde, erreichten wir endlich das rettende Ufer. *(Krüss 86)*

gelangen er ist gelangt — Er gelangte unbemerkt in sein Zimmer. *(Maar 40)*

21 hinfallen, runterfallen

entfallen sie ist entfallen — Der Kutscher stieß einen lauten Schrei aus. Die Peitsche entfiel seinen Händen. *(Preußler 52)*

plumpsen er ist geplumpst — Der Menschenfresser plumpste vor Schreck auf den Allerwertesten. *(Preußler 91)*

umkippen sie kippten um — Die großen Aktenstöße waren umgekippt. *(Nöstlinger 131)*

22 sich setzen, hinsetzen

sich hocken er hat sich gehockt — Mein Urgroßvater hockte sich auf einen Tiener. *(Krüss 25)*

sich niederlassen ich habe mich niedergelassen — Ich ließ mich auf die länglichen aufgestapelten Korkplatten nieder. *(Krüss 10)*

Platz nehmen er hat Platz genommen — Er nahm zwischen der Obergroßmutter und der Präsidenten-Helga Platz. *(Krüss 210)*

23 aufstehen

sich aufrichten ich habe mich aufgerichtet — Da richtete ich mich vorsichtig auf, um nicht mit dem Kopf an einen Dachbalken zu stoßen. *(Krüss 154)*

sich erheben er hat sich erhoben — Mein Urgroßvater erhob sich von der Schiffskiste. *(Krüss 146)*

in die Höhe fahren es ist in die Höhe gefahren — Urakelchen fuhr in die Höhe und griff sich einen dicken Ast. *(Krüss 61)*

24 nehmen

ergreifen er hat ergriffen — Er stieg auf den Kutschbock und ergriff mit der Linken die Zügel. *(Preußler 50)*

fischen er fischte — Ich habe mir eine Gurke aus dem Glas gefischt. *(Nöstlinger 66)*

greifen sie haben gegriffen — Sie griffen nach ihren Pilzkörben. *(Preußler 58)*

25 tragen

schleppen ihr habt geschleppt — „Von morgen an wird euch der Förster Holz sammeln lassen, soviel ihr schleppen könnt." *(Preußler 35)*

schultern sie hat geschultert — Sie schulterte den Besen. *(Preußler 72)*

transportieren er hat transportiert — Als er seinen Koffer zum Bahnhof transportierte ... *(Kästner 33)*

26 ziehen

zausen sie hat gezaust — Sie packte die kleine Hexe und zauste sie an den Haaren. *(Preußler 119)*

zerren er zerrte, er hat gezerrt — Herr Taschenbier versuchte, das Sams vom Schrank zu zerren. *(Maar 31)*

zupfen sie hat gezupft — Sie zupfte sich Kleider und Kopftuch zurecht. *(Preußler 28)*

27 passieren

ergehen — Wie es ihm an diesem Abend ergangen war, so erging es ihm auch weiter. *(Preußler 106)*

geschehen es geschah, es ist geschehen — Alles, was geschieht, kommt in die Zeitung. *(Kästner 26)*

vorkommen es kam vor — Er machte Scherze, was früher nie vorgekommen war. *(Krüss 16)*

28 anziehen

einkleiden wir kleideten ein, wir haben eingekleidet	Jetzt wollen wir den Jungen aber endlich einkleiden. *(Maar 50)*
(hinein)fahren sie ist hineingefahren	Sie fuhr in die Filzpantoffeln. *(Preußler 77)*
umbinden sie hat umgebunden	Dann band sie das große wollene Kopftuch um. *(Preußler 70)*

29 aufmachen

aufreißen er hat aufgerissen	Er rannte durch den Raum, riss die Tür auf und war weg. *(Kästner 87)*
aufschlagen ich habe aufgeschlagen	Manchmal schlug ich das Album auf. *(Krüss 56)*
öffnen ich öffnete, ich habe geöffnet, die Tür wird geöffnet	Die Tür wurde geöffnet. *(Bröger 24)*

30 zumachen

schließen sie hat geschlossen	Sie schloss die Augen und öffnete sie lange Zeit nicht wieder. *(Krüss 13)*
zuschlagen sie hat zugeschlagen	Bums – schlug sie die Tür hinter sich zu. *(Krüss 36)*
zuziehen sie hat zugezogen	Dann zog Pizza die Tür hinter sich zu. *(Bröger 66)*

31 schlafen, einschlafen

eindösen er döste ein, er ist eingedöst	Obwohl er sich vorgenommen hat, wach zu bleiben, döst er wieder ein. *(Härtling 65)*
schlafen sie hat geschlafen	Wenn sie schlief, wischte er sogar die Fußböden. *(Kästner 30)*
übernachten sie übernachteten, sie haben übernachtet	Es sei für sein Hotel keine Empfehlung, wenn „solche" Leute darin übernachten. *(Kästner 22)*

32 werfen

feuern ich feuerte	Erst als ich die Schultasche wieder in die Ecke gefeuert habe, ist es besser geworden. *(Nöstlinger 43)*
schleudern er wird geschleudert, er schleuderte, er hat geschleudert	Da gab es einen Sturm, bei dem Andreas auf die spitze Ecke des Kajütendaches geschleudert wurde. *(Krüss 25)*
schmeißen sie schmiss	Die Mama hat die Kartoffeln mit den Trieben in den Abfalleimer geschmissen. *(Nöstlinger 31)*

33 essen

speisen wir speisten, wir haben gespeist	Wir taten der Obergroßmutter die Ehre an, schweigend und mit Andacht zu speisen. *(Krüss 209)*
verzehren es hat verzehrt	Es suchte nach braunen Kugeln und verzehrte sie. *(Krüss 64)*
futtern sie haben gefuttert	Dabei futtern die Wawuschels jedes Mal so viel, dass sie beinahe platzen. *(Korschunow 10)*

34 unmanierlich essen (fressen)

hinunterschlingen es hat hinuntergeschlungen	„Mmm, guter Salat", sagte es und schlang die Blumen hinunter. *(Maar 34)*
verschlingen es verschlang, es hat verschlungen	Das kleine Wesen sperrte das Maul auf, dass man meinte, es wolle einen Laib Brot verschlingen. *(Maar 18)*
vertilgen er hat vertilgt	... Onkel Jasper, der ein ganzes Tortenstück mit zwei Bissen vertilgte. *(Krüss 158)*

35 suchen

Ausschau halten sie hat Ausschau gehalten	Die kleine Hexe hielt Ausschau nach Thomas und Vroni. *(Preußler 61)*
durchsuchen ich durchsuchte	Ich habe das ganze Haus nach dem Gurkinger durchsucht. *(Nöstlinger 57)*
fahnden sie fahndeten, sie haben gefahndet	Vielleicht fahnden die Polizisten nach streunenden Kindern. *(Härtling 20)*

36 finden, herausfinden

entdecken er entdeckte, er hat entdeckt	Nicht die kleinste Öffnung ließ sich entdecken. *(Krüss 193)*
feststellen er stellte fest, er hat festgestellt	Stelle fest, in welchem Zimmer der Kerl wohnt. *(Kästner 74)*
herauskriegen wir kriegten's raus, wir haben's rausgekriegt	Das wissen wir noch nicht. Aber wir kriegen's schon raus. *(Kästner 68)*

Wortfelder Nomen
(Namenwörter, Substantive, Hauptwörter)

Inhalt in alphabetischer Reihenfolge

37 Junge

der Bube die Buben – Bald danach kamen zwei Buben über den Marktplatz gelaufen. *(Preußler 76)*

der Bursche die Burschen – … als zwei Gardesoldaten einen schwarzlockigen jungen Burschen hereinschleppten. *(Krüss 29)*

der Knabe die Knaben – Er holte aus seiner Tasche eine Ecke Schokolade und hielt sie dem Knaben hin. *(Kästner 43)*

38 Mann

der Herr die Herren – der Herr mit dem steifen Hut *(Kästner 45)*

ein junger Mann die jungen Männer – Kommen Sie, junger Mann! *(Kästner 31)*

der Kerl die Kerle – Er fegte einen hohen Schneehaufen über den Kerlen zusammen. *(Preußler 85)*

39 Frau

die Dame die Damen – Eines Tages lustwandelte eine Dame in dieser Gegend. *(Krüss 66)*

die Hausfrau die Hausfrauen – Auf dem Wochenmarkt drängelten sich schon die Hausfrauen … *(Preußler 41)*

das Weib die Weiber – Als sie nun wieder einmal im Wald herumstreifte, traf sie drei alte Weiber. *(Preußler 30)*

40 Menschen, Leute (wenige)

der Erwachsene die Erwachsenen	Das verstehen sogar viele Erwachsene nicht. *(Kästner 91)*
die Leute	Haben die Leute zwei Hunde? *(Pressler 52)*
die Person die Personen	eine Art Schutzgeist und daher eine achtbare Person *(Krüss 9)*

41 Menschen, Leute (viele)

das Gedränge	Aus diesem Gedränge hörte er plötzlich eine Stimme. *(Maar 67)*
das Gewimmel	Herr Taschenbier zog das Sams durch das Gewimmel nach draußen. *(Maar 59)*
die Menschen-massen	Emil schlängelte sich wie ein Indianer durch die Menschenmassen. *(Kästner 64)*

42 Mund

das Maul die Mäuler	… ein riesiger Mund, so groß, dass man fast Maul sagen musste. *(Maar 15)*
der Schnabel die Schnäbel	Du musst jetzt den Schnabel halten. *(Preußler 122)*
die Schnauze die Schnauzen	Der Hund ließ von mir ab. Ich nahm ihm den Zettel aus der Schnauze. *(Krüss 147)*

43 Haar

die Frisur die Frisuren	Ihre Frisur hing wie drei Pfund Wolle nach unten. *(Kästner 27)*
die Locke die Locken	Helga schüttelte ihre rotblonden Locken. *(Krüss 158)*
die Strähne die Strähnen	… wenn ich nicht so schwarze Strähnen hätte. *(Pressler 57)*

44 Hand

die Faust die Fäuste	Er hielt ihm die geballte Faust unter den Rüssel. *(Maar 88)*
die Pfote die Pfoten	… das kalte weiße Zeug, das an den Pfoten so merkwürdig prickelte. *(Krüss 39)*
die Pranke die Pranken	Er legte seine magere Hand in die mächtige Pranke des Pastors. *(Krüss 164)*

45 das Essen

der Imbiss die Imbisse	Wir machen uns einen ganz besonders feinen Imbiss. *(Pressler 150)*
die Mahlzeit die Mahlzeiten	Der Sekretär hieß Nikolaus Pfeffer, weil er alle Mahlzeiten sehr kräftig würzte. *(Krüss 167)*
der Proviant	Ich möchte wissen, wer diese Berge von Proviant auf dem Schiff verzehrt. *(Krüss 8)*

46 Haus

das Gebäude die Gebäude	… folgte den Matrosen zu dem Gebäude. *(Krüss 193)*
der Kiosk die Kioske	Emil entdeckte an der Ecke einen Zeitungskiosk. *(Kästner 78)*
der Schuppen die Schuppen	Gleich rechts findest du seinen offenen Schuppen, in dem Heu liegt. *(Krüss 40)*

47 Tür

der Eingang die Eingänge	Die Gesellschaft fand aber nirgends einen Eingang. *(Krüss 193)*
die Pforte die Pforten	Am Eingang verhandelt Frau Lehmann mit dem Mann an der Pforte. *(Pressler 163)*
das Tor die Tore	In dem Haus befand sich ein großes schwarzes Tor. *(Kästner 54)*

48 Tisch

das Lehrerpult die Lehrerpulte	Hinter dem Lehrerpult saß ein kleines Mädchen. *(Maar 87)*
die Tafel die Tafeln	Niemand erkannte in dem prächtigen König am Ende der Tafel den Segeltuchflicker. *(Krüss 29)*
die Theke die Theken	Er stellte die Glasschüssel auf die Theke. *(Krüss 125)*

49 Bett

die Hängematte die Hängematten	Sie wiegten sich in den Hängematten. *(Krüss 202)*
die Klappe die Klappen	Ein anständiges Mädchen gehört in die Klappe. *(Kästner 106)*
die Koje die Kojen	Er wanderte zu dem Dreimaster und verbrachte die letzte Nacht in … seiner Koje. *(Krüss 32)*

50 Straße

die Allee die Alleen	Neben der großen Allee mit den Blumenbeeten *(Pressler 161)*
die Gasse die Gassen	Im Herbst war der Wind in den Gassen so stark … *(Krüss 8)*
der Weg die Wege	Die kleine Hexe bahnte sich einen Weg durch die Menge. *(Preußler 44)*

51 Loch

die Öse die Ösen	ein Draht, dessen beide Enden durch eine Öse … führen *(Pressler 75)*
die Ritze die Ritzen	durch die Ritzen zwischen den Ziegeln *(Pressler 36)*
der Schlitz die Schlitze	ein Markstück, das sie in den Schlitz meiner Sammelbüchse steckt *(Pressler 56)*

52 Stock

der Besenstiel die Besenstiele	Sie steckte den Putzlappen an einem Besenstiel durch den Türspalt. *(Maar 131)*
der Knüppel die Knüppel	Ich wüsste viele, auf die ich meinen Knüppel loslassen würde. *(Pressler 17)*
der Stecken die Stecken	Ein geprügelter Hund leckt nicht die Hand, die den Stecken hält. *(Pressler 130)*

53 Angst

die Bange	Nur keine Bange, junge Frau! *(Kästner 40)*
die Scheu	Als er die Scheu verlor, verlor er zugleich das Stottern. *(Krüss 19)*
die Sorge die Sorgen	Mein Bruder und seine Frau sind in großer Sorge. *(Preußler 108)*

54 Gedanke

das Denken	Gustav hupte leise, um sein Denken anzuregen. *(Kästner 82)*
der Einfall die Einfälle	Da hatte der Dieb einen Einfall. *(Kästner 126)*
die Idee die Ideen	Gute Idee. Kommt mit! *(Bröger 57)*

55 Zeit

der Augenblick die Augenblicke	Leider passte Pizza im Augenblick wieder nicht auf. *(Bröger 28)*
der Moment die Momente	Der Professor dachte einen Moment nach. *(Kästner 110)*
die Weile	Wenn nicht die Oberhexe nach einer Weile gerufen hätte ... *(Preußler 120)*

Wortfelder Adjektive (Wiewörter)

Inhalt in alphabetischer Reihenfolge

56 klein

schmal	ein schmales Röhrchen im Deckelverschluss *(Pressler 75)*
winzig	Das Dach hat zwei winzige Klappfensterchen. *(Pressler 36)*

57 groß

lang	die Paradiesvögel mit den langen Schwänzen *(Krüss 205)*
riesig	ein riesiger Mund, so groß, dass man fast Maul sagen musste *(Maar 15)*

58 schön siehe auch 59: gut

herrlich	Hier kleidete man ihn in herrliche Gewänder. *(Krüss 28)*
hübsch	ein Zimmer, in dem ein hübsches blondes Fräulein saß *(Kästner 148)*
prächtig	Er bekam von ihm einen prächtigen Dolch mit Edelsteinen. *(Krüss 31)*

59 gut siehe auch 58: schön

klasse	Ich finde es klasse, dass du's gesagt hast. *(Pressler 128)*
prima	Das hast du prima hingekriegt. *(Pressler 108)*
wunderbar	„Ihr habt das wunderbar gemacht", meinte der Kommissar. *(Kästner 142)*

60 dick

dick	Dicke Männer hielten sich die Bäuche aus Angst, dass sie vor Lachen platzten. *(Krüss 28)*
fett	Tante Lous Spruch von der fetten Gans *(Pressler 59)*
mollig	eine ziemlich mollige Frau *(Pressler 54)*

61 genau

genau	„Guck doch genau hin, du Schlampe!", brüllte Vater. *(Härtling 11)*
deutlich	Ihr blaues Auge ist sogar auf diese Entfernung deutlich zu sehen. *(Pressler 127)*
direkt	Sie stand neben dem Auto, wirklich direkt daneben. *(Pressler 144)*
richtig	obwohl sie sich nicht mehr richtig erinnern konnte *(Pressler 144)*

62 schlimm

arg	„Tut's arg weh?", fragt sie. *(Pressler 127)*
schlecht	Man kann sie einfach rufen, wenn man sich schlecht fühlt. *(Pressler 117)*
schrecklich	Wenn man allein weint, ist es schrecklich. *(Pressler 124)*

Kleine Schule für junge Autoren

Richtig schreiben können viele. Aber richtig und gut – das können nicht viele.
Gut ist, was Leser gern lesen. Besonders gern lesen sie, wenn sie sich das Geschriebene genau vorstellen können. Dafür muss der Autor treffende Wörter wählen. Ein Fachmann schreibt nicht einfach auf, was ihm gerade einfällt. Er überlegt immer wieder, wie er es noch genauer und treffender sagen könnte. Diese Kunst kann man lernen. Wenn ihr wollt, beginnt ihr mit dem Lernen in diesem Buch. Dafür gibt es 30 Lernaufgaben. Ihr könnt sie mit Hilfe des vorhergehenden Kapitels und des Wörterverzeichnisses bearbeiten.

Vorschlag 1: Nehmt euch jeden Tag nur drei Aufgaben vor.
Vorschlag 2: Arbeitet entweder mit einem Partner oder in eurer Tischgruppe zusammen. Lest am Ende einer Arbeitszeit eure Texte einander vor und sprecht darüber. Dann hört ihr, was eure „Leser" von eurer Formulierung halten. Für einen Autor gibt es nichts Wichtigeres.

Es gibt nur selten ein einziges „richtiges" Wort.
Darum müssen nicht alle Kinder die gleiche Formulierung haben – auch nicht die des Autors.

1. **Die kleine Hexe hat einen Besen gekauft und verlässt mit dem das Geschäft.** Eine Notformulierung wäre: „Sie transportierte den Besen auf ihrer Schulter."
   Das hat Otfried Preußler besser gesagt.
   Schreibe seine Lösung in dein Heft. (Schlage „transportieren" im Wörterverzeichnis nach.)

2. Thomas schreibt in einem Aufsatz: „**Dann hatte ich eine Idee. Leider hatte mein Verfolger die gleiche Idee.**" Beim Überlesen merkt Thomas: Zweimal „Idee".
   Schreibe eine bessere Fassung in dein Heft. Schlage dazu zuerst bei „Idee" nach.

3. **„Neben dem Bauernhaus steht ein einfaches Gebäude aus Holz. Da drin liegt das Heu."**
   Den unterstrichenen Teil kann man mit einem einzigen Wort treffender sagen.
   Schreibe den verbesserten Satz in dein Heft.

4. Meike schrieb: „**Als wir in Finnland zelteten, war unser Zelt voller ganz, ganz kleiner Mücken.**"
   Das unterstrichene Stück hätte Meike eleganter formulieren können.
   Schreibe den Satz eleganter.

5. **„Die Besatzung hat ihre Betten im hinteren Teil des Schiffes."**
   Dieser Satz ist nicht falsch. Aber man merkt, dass der Autor von der Schifffahrt keine Ahnung hat.
   Schreibe diesen Satz fachmännisch.

6. **„Auf dem Bildschirm war direkt zu sehen, wie der Fußballer seinen Gegenspieler anspuckte."** Was meint wohl der Autor mit „direkt zu sehen"? Konnte er das nicht genauer sagen?
   Schreibe, was er vermutlich gemeint hat.

7. **„Der Hund stupste mit seinem Maul an ihr Bein. ‚Ich bin auch noch da!', sollte das heißen."**
   Das kann man *noch* besser sagen. Schreibe es auf.

8. „40 000 Menschen sahen sich das Spiel im Stadion an, ein paar Millionen sahen es im Fernsehen an, und ich sah es überhaupt nicht."
Dreimal „sahen" und „ansahen": Das „tut im Ohr weh"!
Wie würdest du schreiben?
✎ Schreibe in dein Heft.

9. „Wir sollten ihn endlich in Ruhe lassen und weggehen, schnauzte uns der Kerl an." Wenn er schnauzt, drückt er sich vermutlich gröber aus. Wie vielleicht?
✎ Schreibe deinen Formulierungsvorschlag.

10. „Er sprach mit ganz leiser Stimme in ihr Ohr."
Das kann man viel knapper und eleganter sagen.
✎ Schreibe den Satz anders auf.

11. „Eingehend und Mann für Mann betrachtete der Polizist die drei Verdächtigen." Das ist schon ganz gut formuliert. Aber es geht noch treffender.
✎ Schreibe den Satz mit einem treffenderen Verb.

12. „Nach dem Unfall saßen die Kinder am Straßenrand und weinten. Conny weinte, Alex weinte und Meike weinte."
Wie langweilig! Aus diesem Satz kann ein Autor etwas machen, der mit Verben umgehen kann.
✎ Formuliere den zweiten Satz um.

13. „Es ist gut, dass wir dieses schwierige Spiel nach hartem Kampf doch noch gewonnen haben."
Das Adjektiv „gut" ist für diesen Anlass schon ganz brauchbar, aber nicht gut genug.
✎ Kannst du's besser schreiben?

14. „Bei der Großdemonstration waren viele Menschen auf den Straßen."
Mit einem Spezialwort wird der Satz eindrucksvoller.
✎ Wie würdest du schreiben?

15. Maxi glaubt, dass Schwedisch und Deutsch verwandte Sprachen sind. Ich glaube, dass das Dänische auch dazugehört. Chris glaubt, dass alle europäischen Sprachen verwandt sind.
✎ Wer das halblaut liest, hört, was man besser schreiben kann.

16. „Die Trine sprach und sprach – lauter dummes Zeug."
Das ist nicht falsch ausgedrückt, aber überzeugend auch nicht.
✎ Schreibe es überzeugender.

17. „Das große Erdbeben hatte arge Folgen für die Menschen."
Folgen großer Erdbeben sind so schlimm, dass „arg" zu schwach ist.
✎ Wie würdest du schreiben?

18. Während die Lehrerin mit ihm schimpfte, sprach er mit leiser Stimme vor sich hin und sah sie böse an.
„... sprach mit leiser Stimme" kann man knapper und treffender sagen.
✎ Wie würdest du schreiben?

19. „Es ist ein gutes Gefühl, die erste Eins seines Lebens geschrieben zu haben. Man möchte laut lachen vor Freude."
Die Formulierung „laut lachen" drückt die große Freude nicht gut genug aus.
✎ Was meinst du?

20. „Als die Achterbahn in die Tiefe schoss, grölten die Mädchen."
Ein treffendes Wort ist „grölen" hier nicht.
Wie würde dir der Satz gefallen?

21. „Die Entfernung zwischen Erde und Mars ist wirklich groß."
Da ist eine Rakete monatelang unterwegs! Deshalb ist das Wort „groß" zu schwach.
Das kannst du besser!

22. „Wie alt seid ihr?", fragte ich. „Zehn", antwortete Maria, und Mario antwortete: „Elf."
Wie würdest du schreiben?

23. „Wir sahen den Blitz und hörten in derselben Zeit auch schon den Donner."
Der Autor wollte sagen, dass Blitz und Donner gleichzeitig geschehen. Das drückt er richtig aus – aber nicht überzeugend.
Hast du eine Idee?

24. „Der Mann hüpfte mit schmerzverzerrtem Gesicht auf einem Bein. ‚Passen Sie doch besser auf!', meckerte er."
Für so großen Schmerz hat der Autor ein zu schwaches Verb gewählt.
Schreibe den Satz besser.

25. „Sie interviewte den Polizisten: ‚Ist das die Hauptstraße?'"
Der Autor hat sich besonders gekonnt ausdrücken wollen, und es ist misslungen.
Finde eine bessere Formulierung.

26. **„Er schrie vor Enttäuschung und warf das Heft mit der schlechten Note auf den Boden."**
Das ist ja nicht falsch ausgedrückt. Aber lässt sich da nicht ein treffenderes Verb finden?
Schreibe es besser.

27. **Nach einer Zwanzig-Kilometer-Wanderung kamen wir völlig erschöpft wieder im Schullandheim an. Die zweite Gruppe kam noch später an. Und Tim kam überhaupt nicht an. Der war nämlich mit seiner Erkältung im Bett geblieben.**
Dieser Text muss dringend überarbeitet werden. Kannst du's?

28. **„Laut schnaufend hockte sich der Dicke in einen Sessel."**
In diesem Satz ist „hockte" nicht nur schlecht, sondern regelrecht falsch.
Formuliere es besser.

29. **Innerhalb von zehn Minuten aß der Kerl zwölf Klöße. Es war geradezu peinlich, ihm dabei zuzusehen.**
Eines der Verben „trifft" nicht. Da gibt es mehrere bessere Lösungen.
Findest du eine?

30. **Wütend stürmte er aus dem Zimmer und zog die Tür hinter sich zu.**
Schon wieder ein nicht treffendes Verb!
Überlege dir eine bessere Formulierung.

Kleine Grammatik für junge Autoren

Sätze umstellen

Wenn ihr Briefe, Geschichten und Aufsätze schreibt, schreibt ihr nicht einfach jeden Satz so hin, wie er gerade im Kopf ist. Oft merkt ihr, dass er anders besser ist. Dann stellt ihr ihn in Gedanken um. Viele Sätze werden auch noch umgestellt, wenn sie schon geschrieben sind. Besonders Schriftsteller tun das.

1. Ein Satz von Erich Kästner 41
Emil schlängelte sich wie ein Indianer durch die Menschenmassen.
Wie ein Indianer schlängelte sich Emil durch die Menschenmassen.
Durch die Menschenmassen schlängelte sich Emil wie ein Indianer.
Schreibe die drei Sätze. Unterstreiche jedes Mal „wie ein Indianer“. Welchen dieser Sätze könnte Erich Kästner geschrieben haben? Erst beraten, dann bei Nr. 41 nachsehen, dann doppelt unterstreichen.

2. Irina Korschunow schreibt auf Seite 71 von einer großen Explosion. Wie ihre Sätze wirklich lauten, zeigen die roten Anfänge.
Nach der Explosion
In der Höhle war es danach wieder still wie zuvor.
Danach ...
Auf einem Steinhaufen war Wawuschel gelandet.
Wawuschel ...
Er blieb eine ganze Weile dort liegen. **Eine ...**
Sein Kopf sei abgesprungen, glaubte er. **Er ...**

Schreibe in dein Heft: Irina Korschunows vier Sätze *oder* alle acht Sätze.

3. Originalsätze von Schriftstellern finden

Paul Maar: **Immer hat die was zu meckern. 8**
Mirjam Pressler: **Zwei winzige Klappfensterchen hat das Dach. 56**
James Krüss: **Von allen Seiten betrachtete er ihn. 3**
James Krüss: **Aber nirgends fand die Gesellschaft einen Eingang. 47**
Christine Nöstlinger: **Richtig verzweifelt war ich. 6**

Die Autoren haben diese Sätze anders gestellt.
Beratet euch und versucht Umstellungen:
Wie könnten die Sätze der Autoren heißen?
Vergleicht erst bei den roten Zahlen,
wenn ihr euch geeinigt habt.

Schreibe die Sätze der Autoren in dein Heft:
3 Sätze deiner Wahl oder alle 5 Sätze.

4. Uhu bei James Krüss 3

Mit großen Eulenaugen musterte der Uhu der Reihe nach die Reisenden.

Schreibe den Satz dreimal anders gestellt.
So: Der Uhu … Der Uhu … Der Reihe nach …

Wer gut schreiben will, muss Sätze gut umstellen können. Es gibt nur selten eine einzige „richtige" Lösung. Darum müssen nicht alle Kinder die gleiche Satzstellung haben – auch nicht die des Autors.

Das Subjekt (Satzgegenstand)

1. Otfried Preußler würde nie schreiben: „Die jubelten." Seine Leser wollen doch wissen: WER oder WAS jubelt da? Natürlich schreibt er auch das „WER-Stück": „Die Kinder jubelten."

Wer-oder-was-Haufen
Fragt euch bei den folgenden Sätzen immer: Wer oder was tut hier was? Dann erkennt ihr das „WER-Stück". Ohne „WER-Stück" gibt es keinen richtigen Satz.

Die Kinder jubelten. Frage: WER oder WAS jubelte? **4**
Ich war richtig verzweifelt. WER oder WAS war verzweifelt? **6**
Die Tür wurde geöffnet. WER oder WAS wurde geöffnet? **29**
Vielleicht haben die Leute zwei Hunde?
WER oder WAS hat vielleicht zwei Hunde? **40**
Alle drängelten aus dem Klassenraum.
WER oder WAS drängelte? **13**
Er machte Scherze … WER oder WAS machte Scherze? **27**
In dem Haus befand sich ein großes schwarzes Tor.
WER oder WAS befand sich in dem Haus? **47**

Untersuche: Wie heißen die „WER-Stücke"?
Kontrolliere bei „Wortfelder" ab Seite 192;
da sind sie unterstrichen.
Schreibe und unterstreiche die „WER-Stücke":
4 Sätze *oder* alle Sätze.

2. Acht WER-Stücke
Aber WER oder WAS? **kriegen's schon raus. 36**
WER oder WAS? **entfiel seinen Händen. 21**
Ganz langsam trottete WER oder WAS? **über den Platz 14**
WER oder WAS? **sperrte das Maul auf. 34**

Da hatte WER oder WAS? **einen Einfall. 54**
WER oder WAS? **hielt ihm die geballte Faust unter den Rüssel. 44**
WER oder WAS? **stieß einen lauten Schrei aus. 21**
WER oder WAS? **ließ von mir ab. 42**

Hier fehlen die „WER-Stücke". Sie heißen: Theo, wir, die Peitsche, der Kutscher, der Hund, das kleine Wesen, der Dieb, er.

Überlegt und ratet: In welche Sätze könnten diese „WER-Stücke" gehören? Wenn ihr euch entschieden habt, kontrolliert bei „Wortfelder" (rote Nummern). Schreibe die vollständigen Sätze und unterstreiche die „WER-Stücke": 5 Sätze deiner Wahl *oder* alle Sätze. Achtung: Satzanfang groß!

3. Vier Kinder und eine Hausfrau

Hinter dem Lehrerpult saß ein kleines Mädchen. 48
Ein anständiges Mädchen gehört in die Klappe. 49
Jetzt wollen wir den Jungen aber endlich einkleiden. 28
Vielleicht fahnden die Polizisten nach streunenden Kindern. 35
Auf dem Wochenmarkt drängelten sich die Hausfrauen. 39

Überlegt gemeinsam: Wie heißen die „WER-Stücke"? Wenn ihr euch für alle fünf Sätze eine Meinung gebildet habt, kontrolliert bei den roten Zahlen.
Schreibe in dein Heft und unterstreiche das „WER-Stück": 3 Sätze *oder* alle 5 Sätze.

In fast jedem Satz gibt ein Satzglied Antwort auf die Frage: Wer oder was tut etwas?
Dieses „WER-Stück" heißt Satzgegenstand – in der Fachsprache: das Subjekt des Satzes.

Das Prädikat (die Satzaussage, der Satzkern)

Lest gemeinsam:
Bei Sportspielen gibt es Spielführer. Die müssen das Zusammenspiel organisieren.
Auch Sätze haben „Spielführer". Nur Verben können Spielführer werden. (Aber nicht jedes Verb im Satz ist ein Spielführer!)
In der Grammatik heißt es nicht „Spielführer", sondern Prädikat. Das deutsche Wort heißt Satzaussage.

ihre Locken Helga
Das ist kein Satz, sondern ein Wörterhaufen. Da fehlt der „Spielführer", der Ordnung in das Durcheinander bringt.
Er heißt: **schüttelte**.

Wenn der „Spielführer" an die richtige Stelle rückt, wird aus dem Durcheinander ein vernünftiger Satz:
Helga schüttelte ihre Locken.

1. Fünfmal Erich Kästner

- übers ganze Gesicht Gustav 5
- aus seinem Zimmer Der Herr Vorsteher zornig 16
- aus seiner Tasche Er eine Ecke Schokolade 37
- an der Ecke Emil einen Zeitungskiosk. 46
- ein anständiges Mädchen in die Klappe. 49

Schreibt in eure Hefte drei *oder* fünf Sätze so, wie Erich Kästner sie geschrieben hat. (Vergesst die Punkte nicht!)
Die folgenden Prädikate schaffen Ordnung:
holte, **strahlte**, **entdeckte**, **gehört**, **stürzte**.
Malt Kringel um die Prädikate. Nicht vergessen: Satzanfang groß, Punkt ans Ende.

2. Wie schrieben die Autoren?
Krüss, S. 164: SEINE HAND ER DES PASTORS IN DIE MÄCHTIGE PRANKE. 44
Krüss, S. 31: VON IHM EINEN PRÄCHTIGEN DOLCH ER. 58
Pressler, S. 150: EINEN GANZ BESONDERS FEINEN IMBISS UNS WIR. 45

In diesen Sätzen fehlen die „Spielführer". Sie müssen das Durcheinander ordnen. Sie heißen: **bekam**, **legte** und **machen**.
Wie haben die Autoren die Sätze geschrieben? Probiert Umstellungen mündlich. Wenn ihr euch entschieden habt, kontrolliert bei den roten Zahlen.
Schreibt in eurer Schrift die Originalsätze ins Heft. Malt Kringel um die Prädikate.
(Vergesst nicht: Punkt am Satzende!)

3. Erster Subjekt-Prädikat-Haufen
Gustav hupte leise. 54
Sie steckte den Putzlappen durch den Türspalt. 52
Sie wiegten sich in den Hängematten. 49
Wenn der Mann ausreißt … 17
Dabei futtern die Wawuschels jedes Mal so viel … 33

Fragt in jedem Satz: WER oder WAS tut etwas?
Schreibt die Sätze in eure Hefte: mindestens 3 Sätze *oder* alle 5 Sätze.
Unterstreicht dann das Subjekt und malt Kringel um das Prädikat.

4. Zweiter Subjekt-Prädikat-Haufen
Aus diesem Gedränge hörte er plötzlich eine Stimme. 41
Er rannte durch den Raum. 29

Herr Taschenbier zog das Sams durch das Gewimmel nach draußen. **41**
Ich nahm ihm den Zettel aus der Schnauze. **42**
Die kleine Hexe bahnte sich einen Weg durch die Menge. **50**

Macht es wie beim ersten Subjekt-Prädikat-Haufen (Aufgabe 3).

5. Dritter Subjekt-Prädikat-Haufen
Herr Taschenbier murmelte etwas Unverständliches. **7**
… als zwei Gardesoldaten einen schwarzlockigen jungen Burschen hereinschleppten. **37**
Der Uhu musterte die Reisenden der Reihe nach mit großen Eulenaugen. **3**
Das wissen wir noch nicht. **36**
„Hast du keine Familie?“ **11**

Macht es wieder genauso (Aufgabe 3).

6. Vierter Subjekt-Prädikat-Haufen
Ganz langsam trottete Theo über den Platz. **14**
Jan-Arne flitzt an der Mama vorbei aus der Tür. **16**
Jauchzend stürzten sich die Kinder auf die fetten Bissen. **4**
Na, was sagst du nun? **5**
Die Nachbarin flüsterte hinter der vorgehaltenen Hand. **7**

Macht es wieder genauso (Aufgabe 3).

In jedem Satz sagt ein Satzglied, was das Subjekt tut. Dieses Satzglied heißt Prädikat. (Manchmal sagt man auch Satzaussage oder Satzkern.)

Das zweiteilige Prädikat

1. In anderen Sprachen kann man sagen: **Sie abstreifte Schuh und Strümpfe.** Aber in der deutschen Sprache ist das gegen die Spielregel. Da müssen sich manche Verben teilen, wenn sie Prädikat werden wollen. Hier ist es das Verb **abstreifen**.

Sie streifte Schuh und Strümpfe ab. *(Otfried Preußler, S. 77)*

Satzstück	Prädikat	Autor
Der Professor … einen Moment … .	nachdenken	*Kästner* **55**
Dann … Pizza die Tür hinter sich … .	zuziehen	*Bröger* **30**
Der Kutscher … einen lauten Schrei … .	ausstoßen	*Krüss* **21**
Dann … sie das große wollene Kopftuch … .	umbinden	*Preußler* **28**
Wir … der Obergroßmutter die Ehre …	antun	*Krüss* **33**
Manchmal … ich das Album … .	aufschlagen	*Krüss* **29**
Leider … Pizza im Augenblick wieder nicht … .	aufpassen	*Bröger* **55**

Setzt erst mündlich die Prädikate ein.
So: Der Professor dachte einen Moment nach.
Schreibe 5 Sätze deiner Wahl *oder* alle Sätze. Umkringele die Prädikatsteile so: Der Professor **dachte** einen Moment **nach**.

Das Akkusativ-Objekt (die WEN-Ergänzung)

Die Marie schreibt. Der Satz ist langweilig. Wir wollen doch wissen: WEN oder WAS schreibt diese Marie? Eine WEN-Ergänzung fehlt. Hier ist sie: **ein Brief**
Zum Satz kommt also hinzu: **ein Brief Die Marie schreibt**

Aber so geht das nicht! In keiner Mannschaft kann ein Spieler einfach drauflos spielen, wie er Lust hat. Er muss sich nach den Mitspielern richten. Er muss sich anpassen.

Auch die WEN-Ergänzung **ein Brief** muss sich anpassen.
Dafür verändert sie sich: **einen Brief**. Nun heißen die drei Teile:
einen Brief die Marie schreibt

So geht das immer noch nicht! Jetzt muss das Prädikat das Zusammenspiel organisieren. Wo soll die WEN-Ergänzung ihren Platz bekommen?
Sie kann an drei verschiedene Plätze rücken:
Die Marie schreibt einen Brief.
Einen Brief schreibt die Marie.
Schreibt die Marie einen Brief?

Das „Spielführer"-Prädikat entscheidet diesmal:
nach hinten! Nun heißt der Satz:

Die Marie	**schreibt**	**einen Brief**.
Subjekt	Prädikat	Akkusativ-Objekt
(Satzgegenstand)	(Satzaussage)	(WEN-Ergänzung)

1. Hier sind noch mehr Sätze mit WEN-Objekten. Nehmt euch immer höchstens ein Paket vor. Geht Satz für Satz durch.

   Sie schulterte den Besen. WEN oder WAS schulterte sie? **25**
   Als es dunkel wurde, erreichten wir endlich das rettende Ufer. WEN oder WAS erreichten wir? **20**
   Sie packte die kleine Hexe. WEN oder WAS packte sie? **26**
   Da hatte der Dieb einen Einfall. WEN oder WAS hatte der Dieb? **54**

Schreibe in dein Heft und unterstreiche alle WEN-Ergänzungen. Kennzeichne zusätzlich Prädikate und Subjekte.
Vergleich und Kontrolle: Richtig unterstrichen?

2. Geht Satz für Satz durch. Fragt bei jedem Satz: WEN oder WAS? Dann findet ihr die WEN-Ergänzung.

   Acht WEN-Ergänzungen bei Erich Kästner
   Erst musst du aber meine Freunde begrüßen. (Seite 105)
   Er fasste die Mutter am Arm. (Seite 40)
   Der Mann musterte die Vorübergehenden. (Seite 98)
   Erstens verträgt man sein Lieblingsessen fast alle Tage ... (Seite 154)
   Schwirrt ab und bringt ein paar Fresspakete mit! (Seite 89)
   Die Jungen brachten Stullenpakete angeschleppt. (Seite 94)
   Sogar den linken Handschuh findet man unterm Sofa wieder. (Seite 14)
   Sicher hatte er schon überall grüne und blaue Flecken. (Seite 49)

Schreibe in dein Heft: 5 Sätze deiner Wahl *oder* alle Sätze.
Übermale alle WEN-Ergänzungen gelb.
Vergleich und Kontrolle: Richtig unterstrichen?

3. Geht gemeinsam Satz für Satz durch. Fragt bei jedem Satz: WEN oder WAS?

WEN-Ergänzungen (Akkusativ-Objekte)
Man kann sie einfach rufen, wenn man sich schlecht fühlt. 62
Wenn sie schlief, wischte er sogar die Fußböden. 31
Ich habe das ganze Haus nach dem Gurkinger durchsucht. 35
Dicke Männer hielten sich die Bäuche aus Angst, dass sie vor Lachen platzten. 60
Das Dach hat zwei winzige Klappfensterchen. 56

Schreibe in dein Heft: 4 Sätze *oder* alle Sätze.
Übermale alle WEN-Ergänzungen gelb oder unterstreiche sie.
Vergleich und Kontrolle: Richtig unterstrichen?

Das Dativ-Objekt (die WEM-Ergänzung)

Hier ist wieder die Marie: Bisher ist bekannt:
Die Marie schreibt einen Brief.

Jetzt wird's interessant. WEM schreibt die Marie einen Brief?
Eine WEM-Ergänzung kommt hinzu. Sie heißt: **der Max**.
Zum Satz gehört nun:
Die Marie schreibt einen Brief der Max

Was ist denn das für ein Deutsch?
Auch die WEM-Ergänzung muss sich ihren Mitspielern anpassen. Dann wird aus **der Max: dem Max.**
Das hört sich schon besser an:
Die Marie schreibt einen Brief dem Max.

Aber am Satzende kann der neue Mitspieler nicht bleiben.
Auf welchen Platz soll nun diese WEM-Ergänzung?
Das Prädikat entscheidet so:
Die Marie schreibt dem Max einen Brief.

1. Hier folgen noch mehr Sätze mit WEM-Ergänzung. Fragt bei jedem Satz: WEM? Dann findet ihr die WEM-Ergänzung.

   „Ich helfe den guten Menschen ...“
   WEM helfe ich? **11**
   Und dann bin ich der Mama um den Hals gefallen.
   WEM bin ich um den Hals gefallen? **6**
   Er folgte den Matrosen zu dem Gebäude.
   WEM folgte er? **46**
   Der Rabe flatterte der kleinen Hexe entgegen.
   WEM entgegen? **19**

„Hast du es dem Papa versprochen?" …
WEM versprochen? **10**
Die Peitsche entfiel seinen Händen.
Die Peitsche entfiel WEM? **21**
Wir taten der Obergroßmutter die Ehre an …
WEM taten wir die Ehre an? **33**

Schreibe in dein Heft: Teil 1 *oder* beide Teile.
Übermale alle WEM-Ergänzungen oder unterstreiche sie.

Die WEN- und WEM-Ergänzungen heißen in der Fachsprache Objekte.

Die vier Fälle

Der Text im Kasten stammt aus einem alten Schulbuch. Als eure Großeltern noch nicht geboren waren, lernten die Kinder daraus.

1. Der Hund ist ein Haustier.	WER ist ein Haustier?
der Hund	**WER-Fall (Nominativ)**
2. Des Hundes Schwanz ist kurz.	WESSEN Schwanz ist kurz?
des Hundes	**WESSEN-Fall (Genitiv)**
3. Dem Hund geben wir Futter.	WEM geben wir Futter?
dem Hund	**WEM-Fall (Dativ)**
4. Den Hund habe ich lieb.	WEN habe ich lieb?
den Hund	**WEN-Fall (Akkusativ)**

Nomen (Substantive) haben vier Fälle. Man fragt so:
WER oder WAS? WESSEN? WEM? WEN oder WAS?

1. Die Mutter bei Erich Kästner

Doch seine Mutter hatte zu tun. (Seite 35)
WER oder **WAS** hatte zu tun? **WER-Fall (Nominativ)**

… weil es seiner Mutter Freude machte. (Seite 36)
WEM machte es Freude? **WEM-Fall (Dativ)**

Er hatte seine Mutter sehr lieb. (Seite 35)
WEN oder **WAS** hatte er lieb? **WEN-Fall (Akkusativ)**

Sprecht über die Sätze.

2. Die Mama bei Christine Nöstlinger

Die Mama hat mir Geld gegeben. (Seite 32)
Dann bin ich der Mama um den Hals gefallen. (Seite 111)
Die Mama darf man erst anreden, wenn sie Kaffee getrunken hat. (Seite 26)

Schreibt in eure Hefte. Markiert „Mama" so, dass klar wird, was WER-Fall, was WEM-Fall usw. ist. Entscheidet selbst, wie ihr markieren wollt.

3. Das Drei-Fälle-Ratespiel mit Irina Korschunow

Mit diesem Spiel übt ihr, ohne es zu merken, richtig nach dem WER-Fall, WEM-Fall und WEN-Fall zu fragen.
Die obere Zeile ist immer die Aufgabe, die untere ist die Lösung.

Beispiel für die Spielregel:
Alex und Tina spielen zusammen. Tinas Buch liegt auf dem Kopf. Alex sucht sich eine der folgenden Aufgaben. Zum Beispiel die erste: „Hm-hm schüttelte den Hm-hm."
Tina muss durch richtiges Fragen herausbekommen, wie der Satz heißt.

Tina: „**WER oder WAS** schüttelte den Hm-hm?"
Alex: „Wuschel."
Tina: „Aha! Also: Wuschel schüttelte den Hm-hm.
WEN oder WAS schüttelte Wuschel?"
Alex: „Den Kopf."
Jetzt kann Tina den Lösungssatz sagen:
„Wuschel schüttelte den Kopf."

Für jede richtig gestellte Frage bekommt Tina einen Punkt. Für jede falsch gestellte Frage Tinas kriegt Alex einen Punkt. Danach muss Alex fragen. Mit diesen Sätzen kann man oft spielen. Wenn ihr Probleme bekommt, fragt eure Lehrerin oder euren Lehrer.

1: Hm-hm schüttelte den Hm-hm.
Lösung: Wuschel schüttelte den Kopf. (Seite 21)

2: Das Hm-hm gehört der Hm-hm.
Lösung: Das dicke Zauberbuch gehört der Wawuschel-Großmutter. (Seite 12)

3: Dem Hm-hm blieb die Hm-hm weg.
Lösung: Dem Drachen blieb die Spucke weg. (Seite 153)

4: Das Hm-hm machte die Hm-hm auf.
Lösung: Das Menschenmädchen machte die Tür auf. (Seite 191)

5: Hm-hm müssen Hm-hm suchen!
Lösung: Wir müssen Wuschel suchen! (Seite 167)

6: Erschöpft lehnte hm-hm sich gegen einen Hm-hm.
Lösung: Erschöpft lehnte sie sich gegen einen Baum. (Seite 216)

7: Das Hm-hm stammte vom Hm-hm.
Lösung: Das Grunzen stammte vom Wawuschelonkel. (Seite 220)

8: Hm-hm dampften aus seiner Hm-hm.
Lösung: Kleine schwarze Wölkchen dampften aus seiner Nase. (Seite 167)

9: Ein Hm-hm ist ein Hm-hm.

Lösung: Ein Wawuschel ist ein Wawuschel. (Seite 78)

10: Der Hm-hm grunzte wie ein Hm-hm.

Lösung: Der Wawuschelonkel grunzte wie ein Wildschwein. (Seite 20)

11: Hm-hm kroch Hm-hm bis in den Hm-hm hinein.

Lösung: Die Angst kroch Wischel bis in den Magen hinein. (Seite 21)

12: Aber an hm-hm denkt ja hm-hm.

Lösung: Aber an mich denkt ja keiner. (Seite 222)

13: Der Hm-hm mit dem freundlichen Hm-hm legte sich platt auf den Hm-hm.

Lösung: Der Drache mit dem freundlichen Herzen legte sich platt auf den Bauch. (Seite 153)

14: Am allerschlimmsten war, dass hm-hm wusste, wo Hm-hm steckte.

Lösung: Am allerschlimmsten war, dass niemand wusste, wo Wischel steckte. (Seite 88)

15: Wieder rannte hm-hm gegen den Hm-hm an.

Lösung: Wieder rannte er gegen den Mamoffel an. (Seite 213)

Der WESSEN-Fall

Der schwierigste Fall ist der WESSEN-Fall.

das Kleid **meiner Schwester** (WESSEN Kleid?)
das Haus **meiner Eltern** (WESSEN Haus?)
Ninas Tasche (WESSEN Tasche?)
die Haare **meines Bruders** (WESSEN Haare?)
die Stundenpläne **der Klassen**
(WESSEN Stundenpläne?)
das Auto **meiner Mutter** oder **meiner Mutter Auto**
(WESSEN Auto?)
das Auto **meines Vaters** oder **meines Vaters** Auto
(WESSEN Auto?)

1. Lest diese WESSEN-Fälle halblaut gemeinsam. Augen zu! Sprecht mindestens drei auswendig.

2. Wie heißt der Originalsatz?

   Andreas meinte, dass er die Neugier von den Neapolitanern errege. 1
   Er legte seine magere Hand in die mächtige Pranke vom Pastor. 44
   ein Markstück, das sie in den Schlitz von meiner Sammelbüchse steckt 51
   Niemand erkannte in dem König am Ende von der Tafel den Segeltuchflicker. 48

   Schreibe alles richtig in dein Heft.
   Unterstreiche alle WESSEN-Fälle.

Nach dem WESSEN-Fall fragt man mit WESSEN?

Europa

Begegnung in Europa

Ma famille et mes amis

le père · la mère

les parents

le frère · la sœur

le bébé

la grand-mère · le grand-père

les grands-parents

l'oncle · la tante

le garçon · la fille

les amis

Mon corps et mon visage

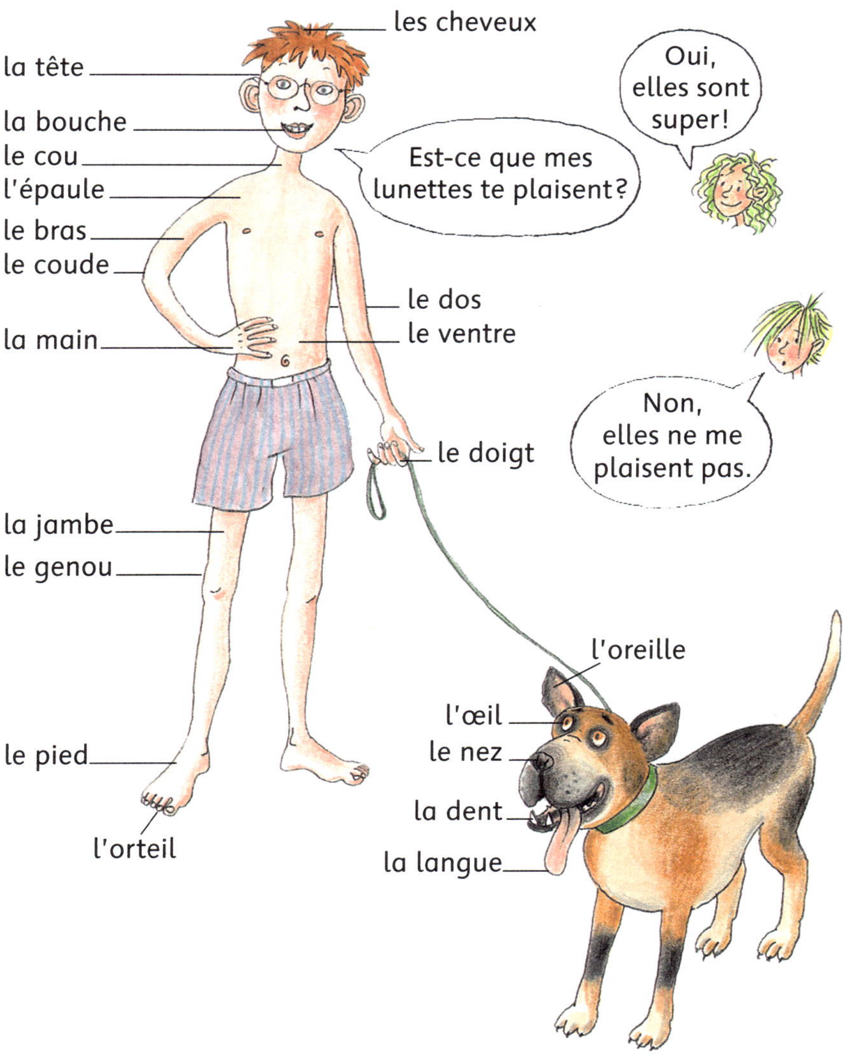

Les vêtements et les couleurs

brun jaune vert bleu noir rouge blanc orange rose violet gris

le tee-shirt | le pantalon | le short | le bonnet | l'écharpe

les gants | le sweatshirt | les chaussures | la robe | le jean

l'anorak | les chaussettes | la jupe | le pullover | le manteau

le chapeau | la veste | le cardigan | la chemise | les bottes

Les contraires

heureux triste

nouveau vieux

à gauche à droite

chaud froid

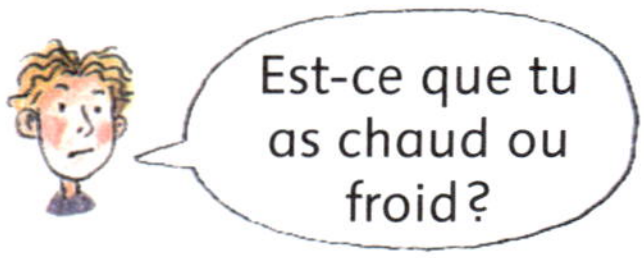

grand petit

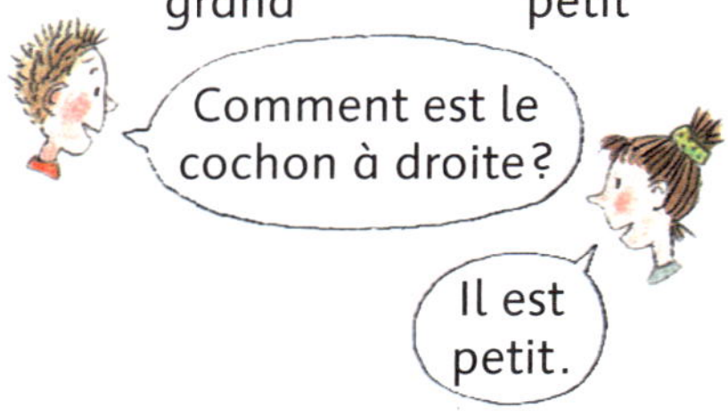

en bonne santé malade

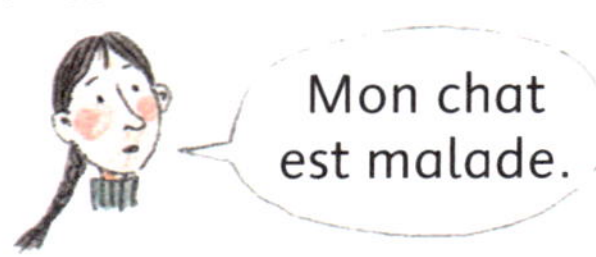

À l'école

Où est le chat?
FRANCE
Mon chat est sous la table.
Mon chat est sur la table.
Peux-tu me donner le livre, s'il te plaît?
Merci!
Voilà.

le tableau

la craie

le dessin

la table

le cahier

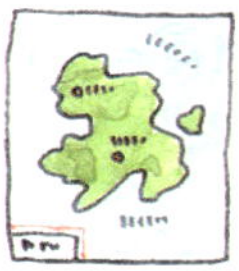
la carte

la chaise

le cartable

le livre

la règle

les ciseaux

le feutre

le stylo

le crayon à papier

la colle

le taille-crayon

la gomme

l'élève

le/la professeur

le bureau

Les aliments et les boissons

Est-ce que tu veux du jus de fruits?
Oui, merci.

Est-ce que je peux prendre un biscuit?
Oui, bien sûr.

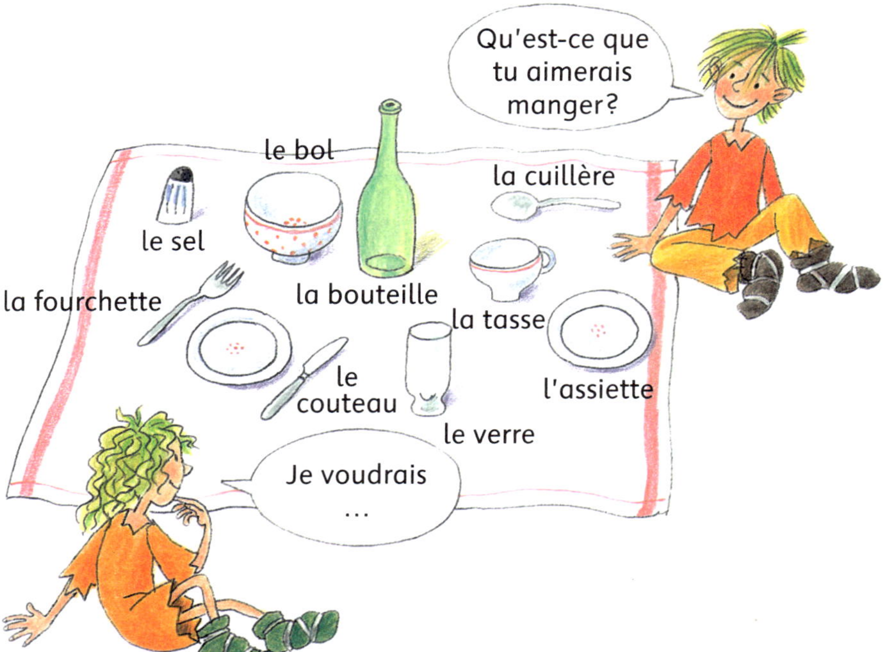
Qu'est-ce que tu aimerais manger?
le bol
la cuillère
le sel
la fourchette
la bouteille
la tasse
le couteau
l'assiette
le verre
Je voudrais ...

Les animaux sauvages

Les animaux domestiques et les animaux de la ferme

le chat

le lapin
le lièvre

le poisson

la souris

le hamster

le cochon d'Inde

la perruche

le chien

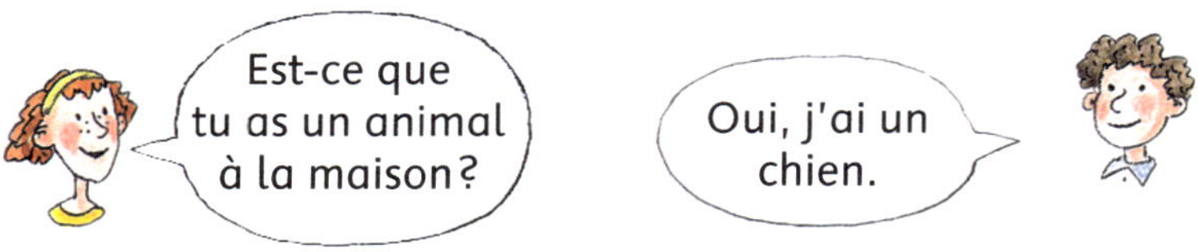

L'heure et ma journée

1 un
2 deux
3 trois
4 quatre
5 cinq
6 six
7 sept
8 huit
9 neuf
10 dix
11 onze
12 douze

À sept heures je me lève.

me lève.

prends mon petit-déjeuner.

vais à l'école.

déjeune.

fais mes devoirs.

joue avec mon ami.

je dîne.

vais au lit.

À deux heures …

À deux heures et quart …

À deux heures et demie …

À trois heures moins le quart …

À quatre heures moins dix …

À quatre heures dix …

Les jours de la semaine et les loisirs

faire du vélo

aller au cinéma

jouer aux cartes

faire du roller

jouer au football

rencontrer des amis

jouer de la guitare

lire des livres

faire de la danse classique

Lundi	Mardi	Mercredi	Jeudi	Vendredi	Samedi	Dimanche
		16^{00} football			Pierre	

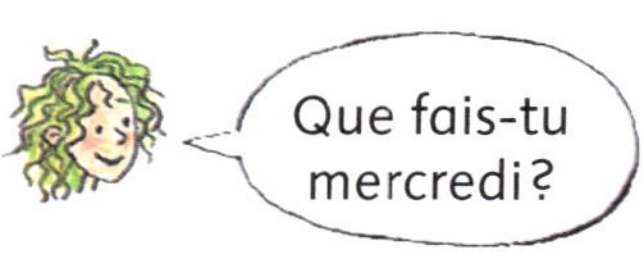

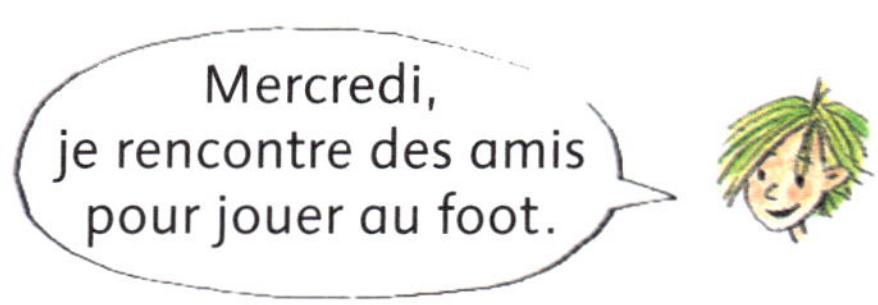

Les saisons

le printemps mars – avril – mai **Pâques**

l'été juin – juillet – août **les vacances**

l'automne septembre – octobre – novembre **Halloween**

l'hiver décembre – janvier – février **Noël**

À la maison

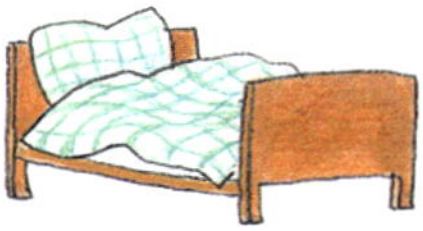

le lit

l'armoire à vêtements

la porte

la fenêtre

la lampe

l'ordinateur

la pendule

l'étagère à livres

la balle

la poupée

le jeu

la salle de bains

la salle de séjour

la cuisine

la chambre

l'escalier

le jardin

Ma ville et les moyens de transport

le vélo

le bus

la voiture

la moto

le tramway

le taxi

le train

Bonjour et au revoir

Questions et réponses

(w.) bedeutet: Artikel la
(m.) bedeutet: Artikel le

A

acht	huit
Abend	le soir
Abendbrot essen	dîner
Affe	le singe
Afrika	l'Afrique (w.)
alle	tous
alt	vieux
Ampel	le feu de circulation
Ananas	l'ananas (m.)
Anorak	l'anorak (m.)
Antwort	la réponse
Apfel	la pomme
Apfelsine	l'orange (w.)
April	avril
Arm	le bras
auch	aussi
aufstehen	se lever
auf Wiedersehen	au revoir
Auge	l'œil (m.) (Mehrzahl: les yeux)
August	août
ausgezeichnet	excellent
Auto	la voiture

B

Baby	le bébé
Badezimmer	la salle de bains
Bahnhof	la gare
Ball	la balle
Banane	la banane
Bär	l'ours (m.)
Bauch	le ventre
Bein	la jambe
Bett	le lit
Bild	le dessin
Birne	la poire
bitte	s'il te plaît (höflich:) s'il vous plaît
Blatt	la feuille
blau	bleu
Bleistift	le crayon à papier
Blume	la fleur
Bluse	la chemise
Bonbon	le bonbon
braun	brun
Brille	les lunettes (Mehrzahl)
Brot	le pain
Bruder	le frère
Buch	le livre
Bus	le bus
Bushaltestelle	l'arrêt de bus
Butter	le beurre

C

Computer	l'ordinateur (m.)

D

danke	merci
Delfin	le dauphin
Dezember	décembre
Dienstag	mardi
Donnerstag	jeudi
Drachen	le cerf-volant
drei	trois
du	tu

E

Ei	l'œuf (m.)
eins	un
Eis(crem)	la glace
Elefant	l'éléphant (m.)
elf	onze
Ellenbogen	le coude
Eltern	les parents
Ente	le canard
er	il
Erdbeere	la fraise
es	il

F

Fahrrad	le vélo
Familie	la famille
Farbe	la couleur
Farm	la ferme
Februar	février
Fenster	la fenêtre
Ferien	les vacances (Mehrzahl)
Fernseher	la télévision
Filzstift	le feutre
Finger	le doigt
Fisch	le poisson
Flasche	la bouteille
Flugzeug	l'avion (m.)
Frage	la question
Freitag	vendredi
Freund	l'ami (m.)
Freundin	l'amie (w.)
Frucht	le fruit
Fruchtsaft	le jus de fruits
Frühling	le printemps
Frühstück	le petit-déjeuner
frühstücken	prendre le petit-déjeuner
Fuchs	le renard
Füller	le stylo
fünf	cinq
Fuß	le pied
Fußball	le football

G

Gabel	la fourchette
Garten	le jardin
Geburtstag	l'anniversaire (m.)
Gegensatz	le contraire
geben	donner
gehen	aller
gelb	jaune
Gemüse	les légumes (Mehrzahl)
Gesicht	le visage
Giraffe	la girafe
Gitarre	la guitare
Glas	le verre
glücklich	heureux
grau	gris
groß	grand
Großeltern	les grand-parents
Großmutter	la grand-mère
Großvater	le grand-père
grün	vert
Gurke	le concombre
gut	bien

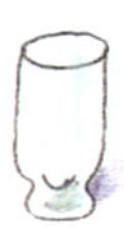

H

Haar	le cheveu (Mehrzahl: les cheveux)
Hals	le cou
Hamster	le hamster
Hand	la main
Handschuhe	les gants (Mehrzahl)
Hase	le lièvre
Haus	la maison
Haustier	l'animal domestique (m.)
Heft	le cahier
heiß	chaud
hell...	clair
Hemd	la chemise
Herbst	l'automne (m.)
heute	aujourd'hui
Hobby	le loisir
Honig	le miel
Hose	le pantalon
Huhn	la poule
Hund	le chien
Hut	le chapeau

I

ich	je
ihr (geht)	vous (allez)

J

ja	oui
Jacke	la veste
Jahr	l'année (w.)
Jahreszeit	la saison
Januar	janvier
Jeans	le jean
jetzt	maintenant
Joghurt	le yaourt
Juni	juin
Junge	le garçon
Juli	juillet

K

Kaffee	le café
kalt	froid
Kamel	le chameau
Känguru	le kangourou
Kaninchen	le lapin
Karte	la carte
Kartoffel	la pomme de terre
Käse	le fromage
Katze	le chat
Keks	le biscuit
Kino	le cinéma
Kirche	l'église (w.)
Kleber	la colle
Kleid	la robe
Kleidung	les vêtements (Mehrzahl)
klein	petit
Knie	le genou
Kopf	la tête
Körper	le corps
krank	malade
Kreide	la craie
Krokodil	le crocodile
Küche	la cuisine
Kuchen	le gâteau
Kuh	la vache
Kürbis	la citrouille

L

Lampe	la lampe
Lebensmittel	les aliments (Mehrzahl)
Lehrer(in)	le professeur
Lieblings...	préféré
Lineal	la règle
links	à gauche
Löffel	la cuillère
Löwe	le lion

M

Mädchen	la fille
Mai	mai
Mantel	le manteau
Marmelade	la confiture
März	mars
Maus	la souris
Meerschweinchen	le cochon d'Inde
Messer	le couteau
Milch	le lait
Mineralwasser	l'eau minérale
Mittagessen	le déjeuner
Mittwoch	mercredi
Möhre	la carotte
Montag	lundi
Morgen	le matin
morgen	demain
Motorrad	la moto
Mund	la bouche
Mutter	la mère (maman)
Mütze	le bonnet

N

Nachmittag	l'après-midi (m.)
Nacht	la nuit
Nase	le nez
Nebel	le brouillard
nein	non
Nest	le nid
nett	gentil
neu	nouveau
neun	neuf
Nilpferd	l'hippopotame (m.)
November	novembre

O

Obst	le fruit
Ohr	l'oreille (m.)
Oktober	octobre
Onkel	l'oncle (m.)
orange	orange
Osterei	l'œuf de Pâques (m.)
Ostern	Pâques

P

Paprika (grün)	le poivron (vert)
Pferd	le cheval
Pflaumen	la prune
Pilz	le champignon
pink	rose
Post	la poste
Pullover	le pullover
Puppe	la poupée

R

Radiergummi	la gomme
rechts	à droite
Regal	l'étagère (w.)
Regen	la pluie
Rock	la jupe
rot	rouge
Rücken	le dos

S

Salat	la salade
Salz	le sel
Schaf	le mouton
Schal	l'écharpe (w.)
Schauer	la douche
Schere	les ciseaux (Mehrzahl)
Schinken	le jambon
Schlafzimmer	la chambre
Schlange	le serpent
Schlitten	la luge
Schmetterling	le papillon
Schneeball	la boule de neige
Schneeflocke	le flocon de neige
Schneemann	le bonhomme de neige
Schokolade	le chocolat
schön	beau
Schrank	l'armoire (w.)
Schreibtisch	le bureau
Schuhe	les chaussures (Mehrzahl)
Schule	l'école (w.)
Schüler(in)	l'élève (w./m.)
Schultasche	le cartable
Schulter	l'épaule (w.)
schwarz	noir
Schwein	le cochon
Schwester	la sœur

sechs	six
September	septembre
Shorts	le short
sieben	sept
Socken	les chaussettes (Mehrzahl)
Sommer	l'été (m.)
Sonnabend	samedi
Sonne	le soleil
Sonnenschein	le rayon de soleil
Sonntag	dimanche
Spiel	le jeu
Spitzer	le taille-crayon
Stadt	la ville
Stiefel	les bottes (Mehrzahl)
Straße	la rue
Straßenbahn	le tramway
Strickjacke	le cardigan
Stuhl	la chaise
Supermarkt	le supermarché
süß	sucré
Süßigkeit	la sucrerie
Sweatshirt	le sweatshirt
Swimmingpool	la piscine

T

Tafel	le tableau
Tag	le jour, la journée
Tante	la tante
Tasse	la tasse
Taxi	le taxi
Tee	le thé
Teller	l'assiette
Tier	l'animal (m.)
Tiger	le tigre
Tisch	la table
Tomate	la tomate
traurig	triste
Treppe	l'escalier (m.)
T-Shirt	le tee-shirt
Tür	la porte

U

Uhr	la pendule
Urlaub	les vacances (Mehrzahl)

V

Vater	le père (papa)
vier	quatre
violett	violet
Vogel	l'oiseau (m.)

W

Wasser	l'eau (w.)
Weihnachten	Noël
Weihnachtsbaum	le sapin de Noël
weiß	blanc
Wellensittich	la perruche
Wetter	le temps
wild	sauvage
Wind	le vent
Winter	l'hiver (m.)
Woche	la semaine
Wohnzimmer	la salle de séjour
Wolke	le nuage

Z

Zahn	la dent
Zeh	l'orteil (m.)
zehn	dix
Zeit	le temps
Zimmer	la pièce
Zitrone	le citron
Zucker	le sucre
Zug	le train
Zunge	la langue
zwei	deux
Zwiebel	l'oignon (m.)
zwölf	douze

D	Hallo!	Tschüss!	Kommst du mit uns?
NL	Hallo!	Tot ziens!	Kom je met ons mee? *(komm je mät ons mej)*
DK	Dav! oder: Hej! *(dau)* *(hei)*	Farvel! *(farwell)*	Kommer du med os? *(kommer du með os)*
GB	Hello! *(hellou)* Hi! *(hai)*	Bye! *(bai)*	Are you coming with us? *(aar juh kamming wið as)*
F	Salut! *(ßalüh)*	Au revoir! *(oh rewoáhr)*	Tu viens? *(tü wie~~n~~)*
I	Ciao! *(tschao)*	Arrivederci! *(arrivedértschi)*	Vieni con noi? *(wiäni kon noi)*
E	¡Hola! *(olla)*	¡Hasta luego! *(asta luego)*	¿Vienes con nosotros? *(viänes kon nosotros)*
TR	Merhaba! *(merhaba)*	Hoşçakal! *(hoschtschakal)*	Benimle gelir misin? *(benimle gelir mißin)*
GR	Γεια σου! (an ein Kind: *jássu*)	Γεια σου! *(jássu)*	Θα 'ρθείς μαζί μας? *(ðarðís masí mas)*
POL	Cześć! *(tscheschtsch)*	Cześć! *(tscheschtsch)*	Idziesz z nami? *(id~~sch~~iesch ßnami)*
SKr	Zdravo! *(ßdrawo)*	Zdravo! *(ßdrawo)*	Ideš sa nama? *(idesch ßa nama)*
CZ	Ahoj!	Čau! *(tschau)*	Jdeš s námi? *(jdesch ßnaami)*

Bis heute Nachmittag!	Weiß ich nicht.	Super!
Tot vanmiddag! *(tot fanmiddach)*	Weet ik niet.	Prima!
Vi ses i eftermiddag! *(wi sees i eftermidde)*	Ved jeg ikke. *(weð jäi ikke)*	Meget godt! *(mej gott)*
See you this afternoon! *(ßie juh ðis aafternuhn)*	I don't know. *(ai dount nou)*	Brilliant! *(brilljent)*
A cet après-midi! *(a ßettaprämiddí)*	Je ne sais pas. *(~~sche~~ ne ßä pa)*	Super! *(ßüpähr)*
Ci vediamo nel pomeriggio! *(tschi … pomeríd~~sche~~o)*	Non lo so. *(non lo ßo)*	Benissimo! *(beníßimo)*
¡Hasta la tarde! *(asta la tarde)*	No lo se. *(no lo ße)*	¡Fenomenal! *(fenomenál)*
Öğleden sonraya kadar! *(öhleden ßonraja kadar)*	Bilmiyorum. *(bilmijorum)*	Süper! *(ßüper)*
Ως το απόγευμα! *(os to apójewma)*	Δεν ξέρω. *(ðen ksäro)*	Πολύ καλά! *(polí kalá)*
Do zobaczenia! *(do sobatschenia)*	Nie wiem. *(niä wiäm)*	Świetnie! *(schwiätniä)*
Onda, do posljepodne!	Ne znam. *(nee snam)*	Odlično! *(odlitschno)*
Tak odpoledne! *(tak odpolednä)*	Nevím. *(newim)*	Supr!

geschrieben	gesprochen	Bedeutung
Türkische Mädchen und Frauen		
Arzu	*Arsu*	Wunsch
Gül	*Gül*	Rose
Hilal	*Hilal*	Mondsichel
Müge	*Müge*	Maiglöckchen
Müjde	*Mü~~sch~~de*	gute Nachricht
Neşe	*Nesche*	Freude
Seher	*ßeher*	Morgenröte
Yasemin	*Jaßemin*	Jasmin
Griechische Mädchen und Frauen		
	Agní	die Geheiligte
	Andrómaichi	die wie ein Mann kämpft
	Aphrodíte	So heißt die Liebesgöttin.
	Athína	So heißt die Göttin der Weisheit.
	Dafní	Lorbeer
	Iríni	Frieden
	Soí	das Leben
	Vasíliki	die Königliche
Türkische Jungen und Männer		
Kaya	*Kaja*	Stein
Kemal	*Kemal*	reif
Murat	*Murat*	Wunsch
Şeref	*Scheref*	Ehre
Tayfun	*Tajfun*	Taifun
Volkan	*Wolkan*	Vulkan
Yaşar	*Jaschar*	Er soll leben!
Zafer	*Safer*	Sieg
Griechische Jungen und Männer		
	Atanássios	Unsterblicher
	Chrysóstomos	Goldmund
	Jórgos	Bauer
	Panajótis	der ganz Heilige
	Pétros	Felsen
	Sósoros	Gottesgeschenk
	Sotíris	Retter
	Stávros	Kreuz

Lösungen:

42. Diese Wörter sollst du *nicht* schreiben: tausend, jeder, hundert, rechts, gestern
14. Robby, Siggi, Tommi, Ulli, Vicci, Willi
25. Die beiden letzten Wörter müssen Wind und Zimmer sein.
35. Kind, klein, Knie, kochen, kriechen, Kuchen
48. Sylvia gehört an den Schluss. Alles andere ist richtig.
50. Stadien, Chroniken, Atlanten, Gymnasien, Firmen, Aquarien, Bibliotheken
28. böse, dick, fremd, heiß, kaputt, lustig
49. Bank, Bar, Bart, Basar, Christ, Dame, Deich
    Achtung! Bart steht nach Bar, weil es hinten einen Buchstaben mehr hat.
17. Hugo, Isidor, Kunibert, Ladislaus, Ottokar, Pauline
31. Abende, Christen, Elefanten, Freunde, Hände, Lichter, Nächte, Soldaten
13. Alessa, Beate, Claudia, Daniel, Elli, Frank, Georg
40. Es fehlen: Küste, Läufer, Räuber.
18. Audi, Ferrari, Jaguar, Mercedes, Nissan, Opel, Toyota, Volvo
29. Lösungswort: Sonntag
52. Im Buch stehen: erholen, wiederholen, teilnehmen, wegnehmen, benehmen, erzählen.
15. Inge, Jan, Katrin, Lisbeth, Mehmet, Nadine, Otto
39. Es fehlen: Murks, Orkan, Geschrei, Ziegenpeter, Segel.
47. Reihenfolge: Knolle, Knopf, Knorpel, Knospe, Knoten
19. Bauer, Meier, Posser, Seiler, Wagner, Zander
54. Grill 91 – Grille 91; Tante 166 – Tanne 166;
    nieseln 131 – niesen 131; Fahrt 77 – Fährte 77;
    Opfer 132 – Oper 132; Patent 135 – Patient 135;
    Lager 114 – Regal 143;
    scheinen 149 – erscheinen 75; Champion 64 – Champignon 64

Wörterbuch Lollipop
für Kinder der Grundschule
von Gerhard Sennlaub

Redaktion: Ute Kister
Layout und technische Umsetzung: Lisa Neuhalfen
Illustrationen: Katharina Knebel, Eva Schöffmann-Davidov
S. 118/119 aus: Schulz, Charles M.: 50 Jahre Peanuts – Das große Jubiläumsbuch. Frankfurt/Zürich: Baumhaus Verlag 2000

www.cornelsen.de

Dieses Werk berücksichtigt die derzeit gültigen Regelungen der Rechtschreibung und Zeichensetzung.

1. Auflage, 1. Druck 2006/06

Alle Drucke dieser Auflage sind inhaltlich unverändert und können im Unterricht nebeneinander verwendet werden.

© 2006 Cornelsen Verlag, Berlin
Das Werk und seine Teile sind urheberrechtlich geschützt.
Jede Nutzung in anderen als den gesetzlich zugelassenen Fällen bedarf der vorherigen schriftlichen Einwilligung des Verlages.
Hinweis zu §52a UrhG: Weder das Werk noch seine Teile dürfen ohne eine solche Einwilligung eingescannt und in ein Netzwerk eingestellt werden.
Dies gilt auch für Intranets von Schulen und sonstigen Bildungseinrichtungen.

Druck: Parzeller Druck- und Medienleistungen, Fulda

ISBN-13: 978-3-464-80059-1
ISBN-10: 3-464-80059-8

Inhalt gedruckt auf säurefreiem Papier,
umweltschonend hergestellt aus chlorfrei gebleichten Faserstoffen.